arte
insight
100

히틀러의 100가지 말

지은이 20세기독일사연구회
나치 독일의 프로파간다를 연구하는 저널리스트, 연구자, 출판 관계자 그룹. 역사는 반복된다는 신념에서 과거의 정치 프로파간다를 연구·분석하는 한편, 현대 정치의 동향에 주의를 기울이고 있다.

옮긴이 송태욱
연세대학교 국문과와 같은 대학 대학원을 졸업하고 문학박사학위를 받았다. 도쿄외국어대학교 연구원을 지냈으며, 현재 연세대학교에서 강의하며 번역 일을 하고 있다. 지은 책으로 『르네상스인 김승옥』(공저)이 있고, 옮긴 책으로는 『소크라테스의 안경』, 『십자군 이야기』, 『눈의 황홀』, 『잘라라, 기도하는 그 손을』, 『천천히 읽기를 권함』, 『포스트콜로니얼』, 『매혹의 인문학 사전』, 『책으로 찾아가는 유토피아』, 『책으로 가는 문』, 『호모 이그니스, 불을 찾아서』 외 다수가 있다.

히틀러의 100가지 말

100 arte insight

20세기독일사연구회 지음
송태욱 옮김

arte

서문

왜 히틀러를 읽어야 하는가?

"우리는 그저 평화를 원한다. 왜냐하면 우리는 전쟁을 경험했으니까……."

제2차 세계대전이 일어나기 3년 전인 1936년, 나치당(국가사회주의독일노동자당)을 이끈 아돌프 히틀러가 당대회에서 토해낸 말이다.

제1차 세계대전에서 패한 독일은 전승국이 부과한 큰 액수의 배상금에 시달리고 있었다. 국내에서는 '하이퍼인플레이션'이라 불리는 높은 물가에 의해 빈곤이 만연했고 전후戰後에 탄생한 새로운 정부에 대한 독일 국민의 불만도 나날이 높아졌다.

그러한 정세 속에서 천부적인 연설력으로 두각을 나타낸 사람이 '날카로운 기백'의 정치가 히틀러였다. '평화', '행복', '이념', '발전'이라는 추상적인 말을 즐겨 사용함으로써 청중에게 허황된 희망을 설파한 그는 나치당 지지자를 늘려나갔다. 1933년 총리로 취임한 히틀러는 불과 3개월 만에 당원을 85만 명에서 250만 명으로 늘렸고, 그 후 경제 정책이 성공하면서 독일 전체를 열광의 소용돌이로 휩쓸었다.

히틀러는 '금연 운동', '식생활 개선 운동'이라는 건강 정책, '여성 고용 촉진', '애국 교육', '올림픽 개최' 등의 정책을 추진해 나갔다. 하지만 이런 '정책'의 진정한 목적은 단순한 표 모으기와 전쟁 준비, 국위 선양, 유대인을 국민의 가상 적으로 삼아 핍박하기 위한 '프로파간다'에 지나지 않았다. 그리고 노골적으로 드러낸 광기는 눈 깜짝할 사이에 유럽 전역을 뒤덮어갔다.

『히틀러의 100가지 말』은 히틀러가 옥중에서 구술한 것을 필기한 『나의 투쟁』을 비롯해 그의 연설과 측근이 적어둔 그의 말을 모은 것이다. 역사상 최악의 독재자 히틀러의 사고와 제3제국의 흥망을 한눈에 볼 수 있도록 편집했다.

히틀러의 말을 다시 읽으니 이상한 기시감에 사로잡힌다. 폐색감閉塞感이 만연한 현대를 살아가고 있는 우리들에게 히틀러적인 프로파간다 수법은 결코 무관한 것이 아닐 것이다. 그의 '수법'은 오늘날에도 확실히 계승되고 있다.

나라를 파멸로 이끌면서 '유대인의 대량 학살'이라는 부정적인 역사를 인류사에 각인시킨 선동 정치가 히틀러. 그의 말을 반면교사로 읽어준다면 다행스러운 일일 것이다.

20세기독일사연구회

contents

Chapter 03
투쟁

Chapter 04
광기

Chapter 05
애증

Chapter 01
선동

가장 단순한 개념을
1000번은 되풀이해야
대중은 비로소 그 개념을
기억할 수 있다.

『나의 투쟁』에서

히틀러에게 대중은 항상 어리석은 존재였다. 대중은 "머리 회전이 느리기 때문에 한 가지 일에 대한 지식을 가지려는 마음을 먹기까지 항상 일정한 시간이 필요하다"는 것이다. 또한 그는 대중이 "냉정한 숙고보다는 오히려 감정적인 지각으로 자신의 사고와 행동을 결정한다"고도 했다. 요컨대 대중에게는 이치보다 감정에 호소해야 하고 그 방법으로 단순화한 슬로건을 되풀이하여 마음에 심어놓아야 한다는 것이 히틀러가 도달한 결론이었다.

천국을 지옥으로
생각하게 할 수 있고,

반대로
지옥 같은 비참한 생활을
천국이라
생각하게 할 수도 있다.

『나의 투쟁』에서

히틀러는 프로파간다로 대중을 착각시켜 눈앞의 현실을 전혀 다른 것으로 보이게 하는 것을 '마법'이라고 불렀다. 그는 정권을 장악하고 나서도 그것을 구사했다. 예컨대 경영자를 '종업원의 지도자'로, 독재를 '더욱 고차원적인 민주주의'로, 전쟁 준비를 '평화의 확보'로 바꿔 말했다. 하지만 이는 자신이 새로 만들어낸 것이 아니라 오스트리아 빈에서 내핍 생활을 하던 시절, 대중의 불만을 다른 데로 돌리는 정권의 방식에서 배운 것이라고 한다.

나치당을 지지하는 깃발을 흔드는 자르 지방의 어린이들

대중의 눈에는
단 하나의 적에 대해서만
투쟁이 이루어지고 있는 것처럼
보여야 한다.

『나의 투쟁』에서

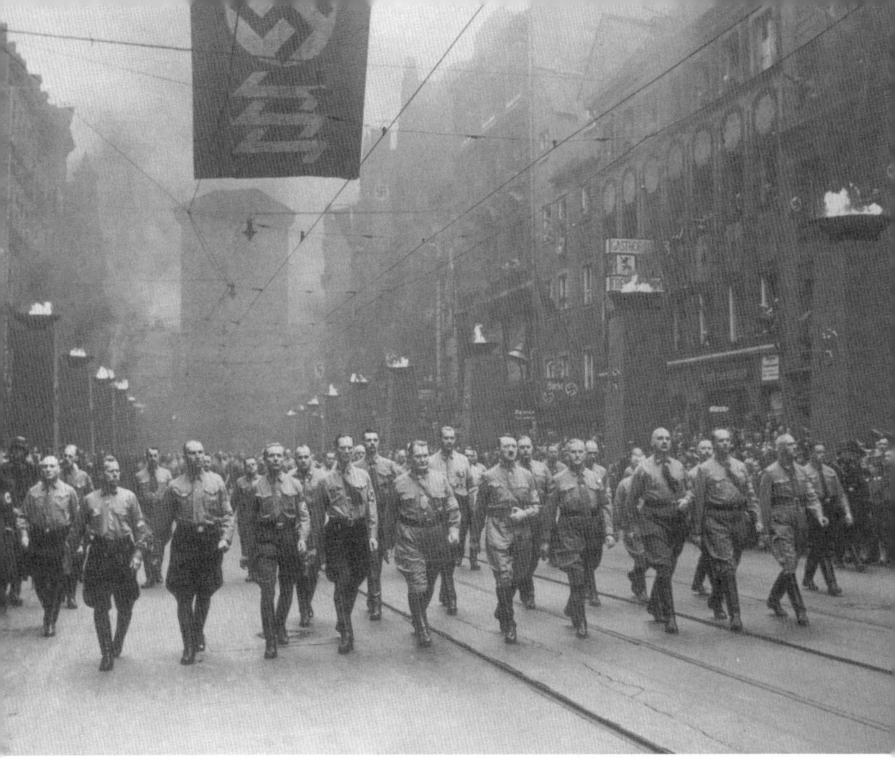

제3제국의 멤버가 뮌헨 시내를 행진하다

히틀러에 따르면 위대한 지도자는 민중의 주의를 분산시키지 않고 유일한 표적으로 향하게 하는 데 뛰어나다고 한다. 그렇게 함으로써 "운동으로 끌어당기는 자석의 힘이 더욱더 커지고 타격도 커진다." 가령 여러 적을 공격할 때도 그들이 "하나의 범주에 속해 있다고 생각하게 하는 것이 위대한 지도자의 천재적인 재능이다"라고 주장한다. 이러한 언설의 배경에는 대중은 사려가 부족하여 사물의 본질을 놓치기 쉽다는 인간관이 자리 잡고 있다.

004

선전 대상

선전은 영원히 대중에게만 향해야 한다!

『나의 투쟁』에서

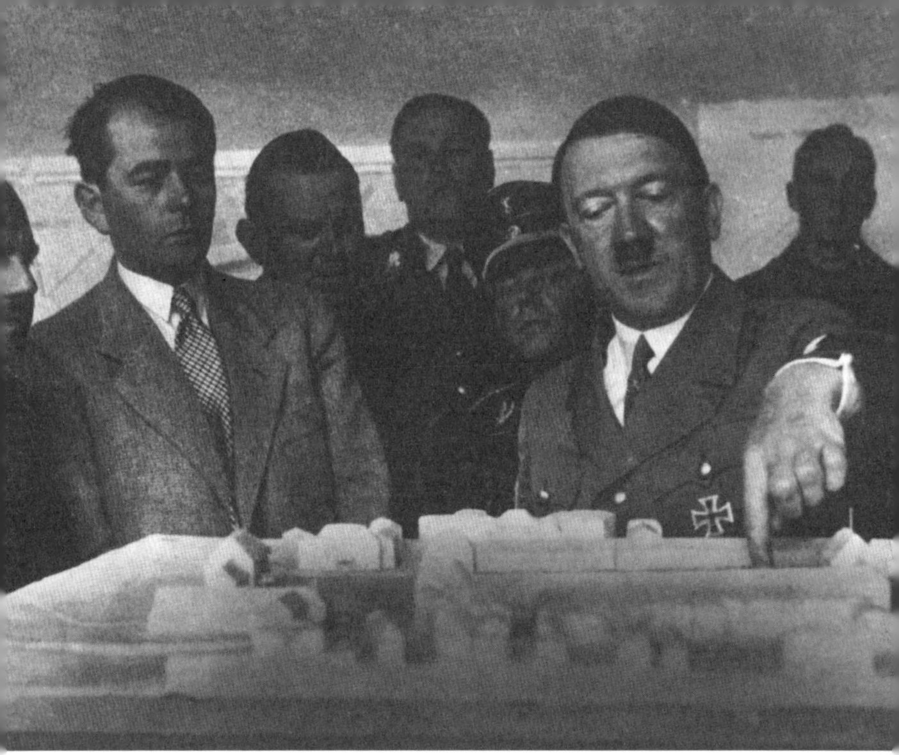

1934년 8월 2일 '대통령 겸 총리'가 된 히틀러

히틀러는 '선전'에 두 가지 목적이 있다고 생각했다. 하나는 원래 학식이 있는 사람들의 교양을 더욱 높이고 그 통찰력에 호소하는 것. 그리고 또 하나는 어떤 일정한 사실, 과정, 필연성 등에 대중의 주의를 환기하는 것. 여기서 더욱 중요한 것은 후자라고 한다. 선전 내용에서는 학술적인 요소를 가능한 한 지우고 그 지적 수준은 프로파간다의 대상이 되는 사람들 중에서도 가장 머리가 나쁜 사람의 이해력에 맞춰야 한다고 생각했다.

대중의 수용 능력은

굉장히 제한되어 있다.

그 이해력은 작지만

망각의 힘은 크다.

『나의 투쟁』에서

전국 유세 투어를 하는 기내에서

대중에게 '선전'을 할 때의 주의 사항을 말한 것이다. 히틀러의 생각으로는, 선전 내용은 중요한 점을 압축하여 슬로건 같은 형태로 대상자의 머릿속에 마지막까지 남도록 해야 한다. 이는 각국의 전시 선전에서 배운 것이다. 아울러 앞의 대전에서 독일은 적을 조롱하는 선전을 했는데 적의 반격에 독일 병사는 기가 죽어 선전에 속았다고 느꼈다. 한편 적을 '야만인'이라고 배운 영미의 병사들은 총구를 향하는 적과 조우했을 때 자국의 선전과 주장을 믿었다.

회장의 분위기가
내 연설에
영향을 주듯이
연설을 시작하는 '시각'도
일정한 영향을
끼친다.

『나의 투쟁』에서

히틀러는 수많은 연설을 해온 경험에서 같은 연단, 같은 연설자, 같은 제목의 연설이라도 예컨대 오전 10시나 오후 3시처럼 환한 대낮과 밤 시간대에 하는 것은 효과가 완전히 다르다는 것이 지론이었다. 그 이유에 대해서는, 사람들은 아침이나 대낮이라면 자신과 다른 의도나 의견을 강제하려고 하는 시도에 대해 극히 강한 에너지로 저항하지만 밤이 되면 강한 의지를 가진 지배력에 쉽게 굴복한다고 분석했다.

위대한 운동은
위대한 저술가가 아니라
위대한 연설가 덕분에
확대된다.

『나의 투쟁』에서

자신의 구술을 정리한 『나의 투쟁』 상권(1925년 간행)의 머리말에서 한 말이다. 이 무렵부터 대중을 동원하기 위해서는 문자에 의해 메시지를 전하는 것보다 음성으로 호소하는 것이 더욱 효과적이라고 확신했다. 히틀러에 따르면 "펜은 항상 그저 혁명의 이론적 근거를 마련하기 위한 것"이고 대중의 선동에는 도움이 되지 않는다. 또한 위대한 이론가가 위대한 지도자인 경우는 드물고 "선동가가 지도자에 더 적합하다"고도 생각했다.

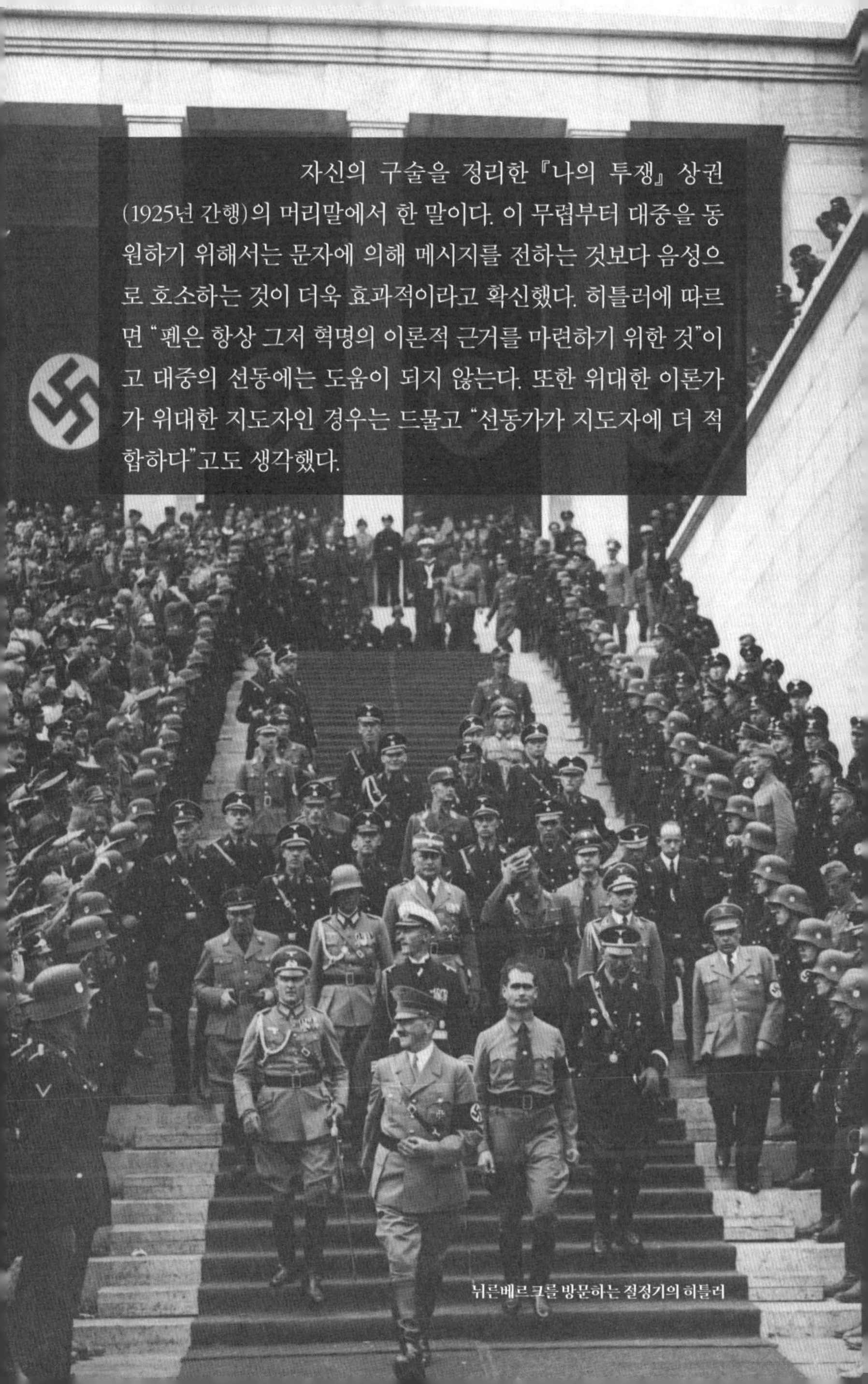

뉘른베르크를 방문하는 절정기의 히틀러

008

심리학의 마음가짐

대중에게 이념을 전할 수 있는 선동가는 항상 심리학자여야 한다.

『나의 투쟁』에서

뉘른베르크에서의 파티

히틀러는 이렇게 잇는다. "심리학을 이해하고 있으면 그 선동가는 인간을 잘 모르고 세상 물정도 모르는 이론가보다 지도자에 어울린다." 빈에 있던 시절, 궁정 도서관을 정기적으로 이용하던 히틀러는 프랑스의 심리학자 귀스타브 르봉의 『군중심리학』 독일어판을 읽었다고 한다. 르봉은 이 책에서 군중은 의지가 강한 사람의 말에 귀를 기울이는 경향이 강하고, 되풀이하여 단언된 말에 비판 정신이 마비되며 암시를 받기 쉬워진다고 주장했다.

약한 자를 지배하기보다
강한 자를 따르는 것을
한층 더 좋아하는 법이다.

『나의 투쟁』에서

히틀러가 있던 무렵의 빈에서는 자신이 '잡다하게 긁어모은 악선전'이라 부르는 사회민주당계의 《노동자 신문》이 노동자들의 데모를 이끌고 있었다. 히틀러는 사회민주당이 그 신문이나 다른 문헌을 통해 "빨갱이(사회민주당) 신문만 읽어라, 빨갱이 집회에만 참석해라, 빨갱이 책만 읽어라"고 요구하여 대중을 해롭게 했다고 생각했다. 그리고 대중은 애원하는 자보다는 지배하는 자를, 다른 교육과 선전을 허용하지 않는 배타적인 교육과 선전을 좋아한다는 결론에 도달했다.

정신과 힘이 약한 자를
그들은 강렬하게 칭송한다

『나의 투쟁』에서

'그들'이란 사회민주당을 말한다. 히틀러는 빈에 있던 시절에 사회민주당을 관찰하고 이 당이 부르주아 등의 '강한 자'에 대해서는 공격을 하는 한편 '약한 자'에 대해서는 큰 소리로 찬양하는 것을 알았다. 밑바닥 생활을 하고 있는 최하층 사람들은 찬양을 받을 뿐 사회민주당의 교육과 선전의 '비열함'을 이해하려고 하지 않고 다른 누구도 자신들을 걱정해주는 일은 없다고 생각한다. 곧 사회민주당 측에 붙을 거라고 히틀러는 생각했다.

히틀러 유겐트 소년과의 기념 촬영

우리 독일인이
다시 일어서고 싶다고
생각한다면
천재적인 독재자가 필요하다.

1920년 4월 27일

군복을 입은 모습으로 연설한 히틀러는 우선 제1차 세계대전 전 번영을 이루던 독일을 회고하고 그것을 연설 당시의 경제적 파멸 상태와 대비시켰다. 그리고 번영을 되찾기 위해서는 공화제나 군주제가 아니라 독재제가 필요하다고 주장했다. 이는 '부패한 의회'와 투쟁한다고 한 나치당의 강령에 따른 것이었다. 이 무렵 히틀러는 당의 운동을 고조시키기 위한 선동자로서 연설을 했지만 인기가 높아져 곧 '지도자'로서의 자신을 강렬하게 의식해간다.

나치식 경례를 하는 히틀러

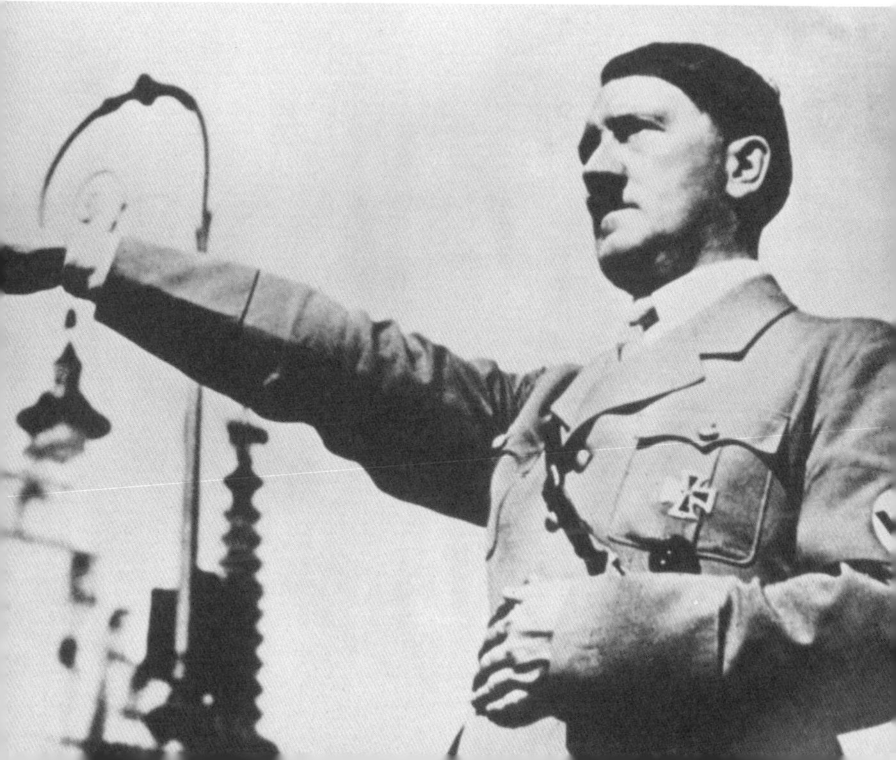

본능적인 것을 일깨우고

분발하여 선동하는 것이

나에게 부여된 사명이다.

1920년 8월 13일

베를린의 거리에서
국가가 연주되는 가운데 경례를 하는 히틀러와 괴벨스(오른쪽), 괴링(가운데)

히틀러는 반유대주의를 주제로 한 연설에서 중류 샐러리맨과 노동자 2000명을 앞에 두고 자신에게 주어진 과제를 노골적으로 이렇게 말했다. 나치당 강령에서는 독일 국민을 '독일인의 피를 잇는 자만'으로 정의한다. 더군다나 독일 국민의 생활 유지가 어려운 경우에는 유대인을 국외로 몰아내야 한다고 했다. 나치당이 '노동자당'이라 칭했다는 걸 생각하면 국민의 경제적 곤경을 배타주의로 유도하는 것을 고백한 것이나 마찬가지였다.

우리의 과제는
독재자를 받아들일 용의가
충분히 갖춰져 있는 민중을
독재자에게 주는 것이다.

1923년 5월 4일

AVEC TES CAMARADES EUROPÉENS
SOUS LE SIGNE ϟϟ
TU VAINCRAS!

프랑스인에게 친위대에 참가하기를 촉구하는 포스터

1921년 7월 29일 히틀러는 나치당의 당수에 취임하고 먼저 운동의 독재적 지도권을 장악한다. 1922년 10월 이탈리아에서 무솔리니가 민병 조직인 '검은셔츠단'을 이끌고 로마로 진군하여 쿠데타로 정권을 장악한다. 주위에서 무솔리니의 이미지와 관련시키자 히틀러는 드디어 '지도자'로서의 자신을 의식한다. 언젠가 자신이 독재자가 될 것임을 암시하면서 사람들에게 '대망론'을 심어놓는 교활한 언변을 발휘한다.

내가 스스로 책임을 지는 이상
타인에게 조건을 지시받을 생각은 없다.
나는 이 운동에서 일어나는 일에 대해
재차 전면적인 책임을 진다.

1925년 2월 27일

뮌헨 봉기를 일으킨 주요 멤버

형무소에서 석방되고 2개월 후 히틀러는 신생 나치당 집회에서 운동의 부활을 위한 연설을 했다. "남한테 이것저것 조건을 지시받을 생각은 없다"는 것은 당 내부에 존재하던 의견 대립을 향해 나온 말이었다. 그런 것에 동조할 생각은 없다, 모든 것을 자신에게 종속시키라고 요구한 것이다. 이러한 사고는 그 후 '지도자 원리'로서 이론화되고 히틀러는 당의 강령마저 초월한 말 그대로의 독재적 지도자로서의 지위를 굳혀간다.

하늘이 우리에게 축복을 내려준다면 우리가 파멸할 일은 없을 것이다.

1927년 3월 6일

히틀러 친위대의 면면

과격한 언동이 위험시되어 히틀러는 2년에 걸쳐 공개 연설을 금지당한다. 그것이 풀리고 첫 발언이 되는 연설에서 히틀러는 나치당의 승리에 흔들림 없는 자신감을 보였다. 다만 여기에는 특유의 레토릭이 숨어 있었다. 운동이 '파멸하지 않는' 것은 '하늘의 축복'을 전제로 하지만, 그것이 주어질지 아닐지는 누구도 알 수 없다. 요컨대 아무런 근거도 제시하지 않고 신봉자들의 주관에 호소하여 교묘하게 자신의 말을 믿게 한 것이다.

나를 믿으라.
여기에는 이미 이상,
위대한 이상의 힘이 있다.

1932년 1월 27일

퍼레이드를 하는 히틀러를 열광적으로 환영하는 히틀러 유겐트

히틀러는 이날 독일 철강업의 중심지 뒤셀도르프의 공업 클럽에서 유력한 공업 자본가 300명 앞에서 연설했다. 히틀러가 말한 '이상'이란 독일이 다시 국제 사회에서 '권력적 지위'를 탈환하는 것이다. 이 연설에서 독일의 지위를 회복하고 혁명을 막을 수 있는 사람은 자신뿐이라고 청중이 믿게 하는 데 성공한 히틀러는 자본가들로부터 막대한 정치자금을 얻어냈다. 그해 3월에는 대통령 선거에 출마하지만 힌덴부르크에게 패했다.

우리는 신이 정한
사명을 완수하기 위해
선택된 사람들이다.

1932년 7월 3일

1932년 3월 2일, 함부르크에서 나치식 경례를 하는 히틀러

나치당 산하의 준군사 조직 '돌격대(SA)'의 멤버 1만5천 명을 모아 놓고 한 연설이다. 돌격대의 인원수는 이 무렵 17만 명까지 늘어나 있었다. 나치당이 정권을 장악한 뒤에는 200만 명으로 늘어난다. 히틀러는 그들에게 엘리트 의식을 심어 권력 탈취에 크게 이용했지만 독재가 시작되고 나서 무용지물이 되자 1934년 6월에 숙청했다. 참모장 에른스트 룀 등에게 모략을 꾸며 돌격대와 무관한 자까지 포함한 100명 이상의 정적政敵을 재판도 거치지 않고 처형한다.

열광적인 대중만이
관리 가능하고
감정이 없고 둔감하기만 한
대중은 공동체에
가장 큰 위험이다.

1933년 3월 23일

이날 국회에서는 나치 정권에 거의 무제한의 입법권을 인정해주는 '전권위임법(수권법)'이 성립하여 명실공히 히틀러의 독재가 시작되었다. 불에 타버린 국회의사당 대신 의장이 된 베를린의 오페라 극장 벽은 거대한 갈고리 십자가 모양의 깃발로 뒤덮이고 히틀러는 갈색의 당복을 입은 모습으로 등단했다. 그리하여 나치당에 동질화되지 않고 열광적으로 따르지 않는 정적과 국민을 강하게 위압했다. 여기서 독일 국민은 열광을 가장해서라도 나치당의 관리를 받아들이든가 아니면 국가의 적으로 간주되든가 양자택일해야 하는 입장에 내몰렸다.

히틀러(왼쪽)와 부총리 파펜(가운데)과 국방장관 블롬베르크(오른쪽)

만약 신이

독일 지도자인 나를

이 도시로 불렀다면

그것은 나에게 하나의 임무가

주어졌기 때문일 것입니다.

1938년 3월 12일

이날 오전 8시, 독일군은 오스트리아에 진주하기 시작했다. 아무런 반항도 없이 오스트리아는 독일에 병합되었다. 히틀러는 오후에 자동차로 국경을 넘어 열광적인 군중의 환호를 받으며 고향으로 들어갔다. 그리고 저녁에 린츠 시청의 발코니에서 이 연설을 했다. '임무'란 오스트리아를 독일 국가에 '반환'하는 것이다. 즉 오스트리아 병합을 완료한 자신은 '신에 의해 독일 국가의 지도자로 인정받았다'는 논리로 귀결되는 것이다.

독일군을 마중하러 나온 어린이들

생활이 단순한 사람일수록
신앙을 찾고, 마구
신앙에 매달리려고 한다.

1941년 10월 3일

히틀러가 내세운 "생활이 단순한 사람"의 전형은 "농작물이 시들어가는 것을 잠자코 보고 있을 수밖에 없는 농민"이다. 유물론자였던 히틀러는 종교란 원래 과학 지식이 미숙한 인간이 자연을 이해하기 위한 '버팀목' 같은 것이었는데 어느새 수단이 목적이 되어버렸다고 생각했다. 이미 그리스도교의 가르침은 "황당무계의 정점에 달했다"고 하며 과학의 진보에 의해 "그리스도교를 자연사시키는 것이 제일 좋다"고도 말했다.

1933년 5월 1일, 메이데이에 모인 군중

'대체로 일반적으로'라고
내게 큰소리치는 놈이 있는데
'일반'이란 뭔가?
현재의 평판을 분석해두지 않으면
아무런 도움도 되지 않네.

1941년 10월 30일

라디오에서 흘러나오는 히틀러의 연설에 귀 기울이는 독일군 병사들

영국에서의 정세 보고 내용이 갖춰져 있지 않다고 외무부 간부를 꾸짖은 말이다. 이어서 말하기를 "정보의 상대적 가치를 알기 위해서는 얼마간 다른 그룹의 의견을 알 필요가 있다." 게슈타포(나치의 비밀경찰)에게 자신의 연설에 대한 국민의 반응을 세세하게 살피게 하고, 독일의 군비 증강에 불안해하는 주변국에 '평화'를 말하여 안심시킨 히틀러는 민심에 대한 분석에 집착했다. 하지만 그것을 해석할 때는 자신의 역사관과 세계관에 적용시키는 것이 우선되었다.

022

생각 없는 국민

지배당하는 사람이
아무 생각도 하지 않는 것은
정부로서는 다행스러운 일이다!

1942년 1월 18일

나치 병사의 도착을 환영하는 스데텐 지방의 독일인

왜 나치당 강령을 개정하지 않는가? 스스로 이 화제를 꺼낸 히틀러는 이처럼 말했다. '대중은 사상을 갖지 않는다'는 사실을 말하려고 한 것이다. 이날 독일은 새롭게 일본, 이탈리아와의 군사 협정에 조인했다. 영국 침공에 실패했다고는 하나 아직 전쟁의 전망에는 낙관적이었다. 나치당의 강령에 대해 "이 강령은 인류 역사의 일부가 되었다"고까지 말했다. 자신의 사고에 사람들을 완벽하게 종속시키는 날이 내다보였던 것이다.

1924년, 란츠베르크 형무소에서 수형 중인 히틀러

Chapter 02

열광

'민중주의', '다수파'

'세계의 양심', '세계 연대'

'세계 평화', '예술의 국제성'

등의 관념이

우리의 인종 의식을 붕괴시키고

두려움을 배양시켰다.

1922년 9월 18일

히틀러를 총리에 임명한 힌덴부르크 대통령(사진 가운데)

1922년 6월, 제1차 세계대전에서의 패배로 부과된 배상금의 첫 지불(18억 마르크)을 계기로 외환 시장 등이 혼란을 일으킨다. 8월, 독일은 배상금 지불의 연기를 요구하지만 거절당하고 역사상 초유의 하이퍼인플레이션이 시작된다. 독일 민족의 혈통으로 결합되는 '민족 공동체'를 표방하며 배타성을 숨기려고도 하지 않았던 히틀러와 나치당으로서는 국제 협조를 기대하는 것이 얼마나 헛된 일인지를 선전하는 절호의 기회라고 할 수 있었다.

어떤 경제 정책도
칼 없이는 불가능하다.
어떤 공업화도
권력 없이는 불가능하다.

1923년 4월 10일

뉘른베르크에서 있었던 군사 퍼레이드를 사열하는 히틀러

1923년 1월, 프랑스·벨기에 양군은 독일이 제1차 세계대전의 배상금 지불 의무를 이행하지 않았다는 이유로 루르 지방을 군사 점령한다. 약 6만 명의 군대가 315만 명의 독일 주민을 지배했다. 이 연설 열흘 전에는 프랑스군이 자동차를 몰수하기 위해 루르 지방의 공장으로 밀어닥쳤고, 항의하는 독일인 노동자 포함 40여 명의 사상자가 발생했다. 그런 사회 불안이 우익이 성장하는 밑바탕이 되어 독일군 고관까지 프랑스와의 전쟁에 대비하며 히틀러와 회담했다.

이 국가는
국민으로부터 도덕을 빼앗고
입법에 의해
국민에게 거짓 교육을 한다.

1923년 9월 12일

1918년 11월, 패전이 농후해진 제1차 세계대전 말 독일 각지에서는 혁명이 일어나고 황제 빌헬름 2세가 사망했다. 사회주의의 사회민주당이 주도하는 정부가 수립되자 연합국과 휴전 조약을 맺었다. 전후 독일 경제가 다액의 배상금에 시달리는 가운데 히틀러는 "조국 위에 기요틴이 늘어져 있던 순간 공화국을 만들었다"며 새로운 정부를 비난했다. 전후에 탄생한 바이마르공화국의 정당성과 역사관을 부정함으로써 급격한 인플레이션에 고통을 당하는 국민의 환심을 샀다.

라디오를 에워싸고 있는 히틀러 유겐트

내일 아침이 되면
독일에 독일 국민 정부가
들어서 있을지 아니면
우리가 죽어 있을지
둘 중 하나일 것이다.

1923년 11월 8일

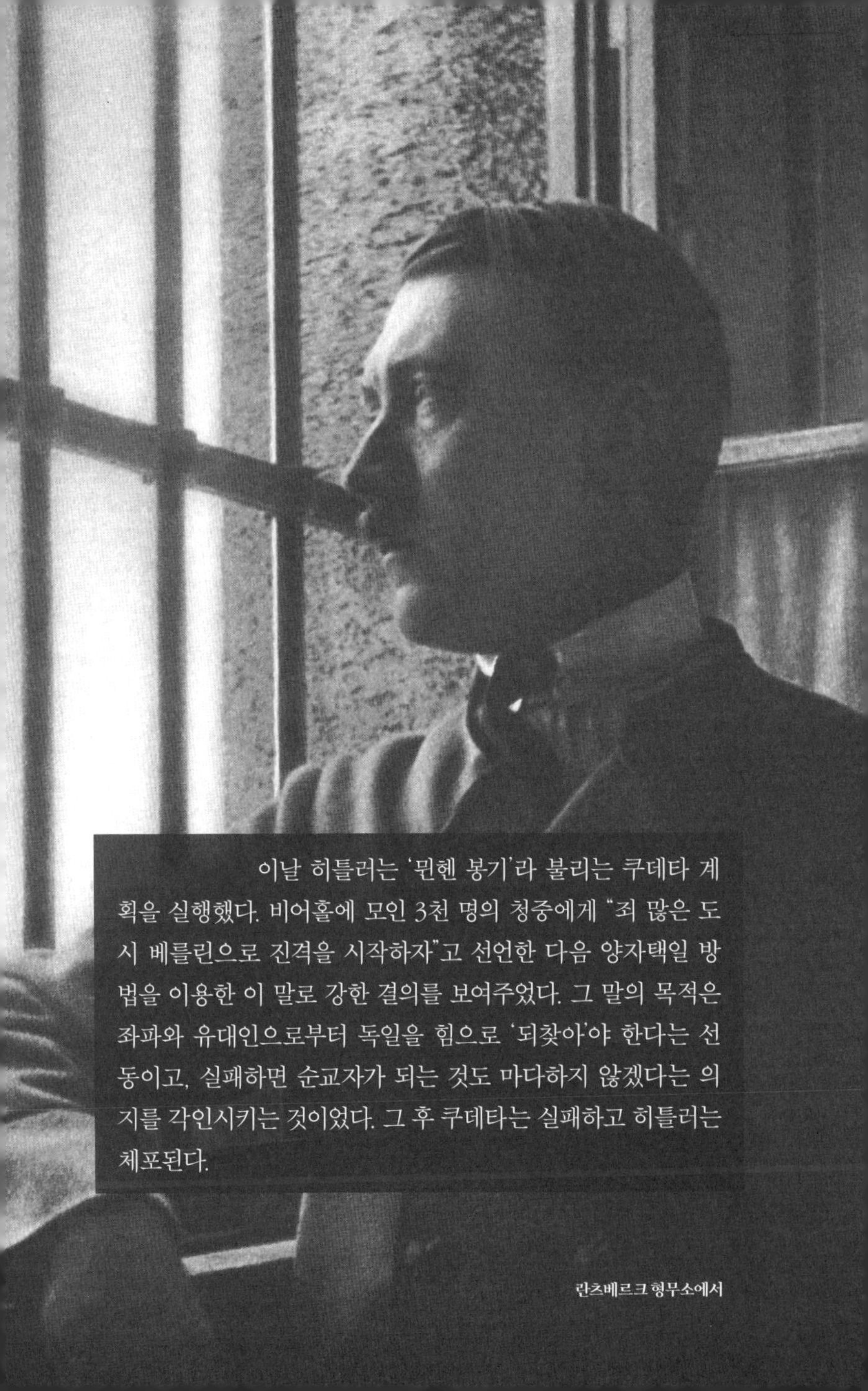

이날 히틀러는 '뮌헨 봉기'라 불리는 쿠데타 계획을 실행했다. 비어홀에 모인 3천 명의 청중에게 "죄 많은 도시 베를린으로 진격을 시작하자"고 선언한 다음 양자택일 방법을 이용한 이 말로 강한 결의를 보여주었다. 그 말의 목적은 좌파와 유대인으로부터 독일을 힘으로 '되찾아'야 한다는 선동이고, 실패하면 순교자가 되는 것도 마다하지 않겠다는 의지를 각인시키는 것이었다. 그 후 쿠데타는 실패하고 히틀러는 체포된다.

란츠베르크 형무소에서

독일주의의 확보는
오스트리아의 절멸을
전제로 한다.

그리고 국민적 감정은
왕조적 애국주의와
결코 동일하지 않다.

『나의 투쟁』에서

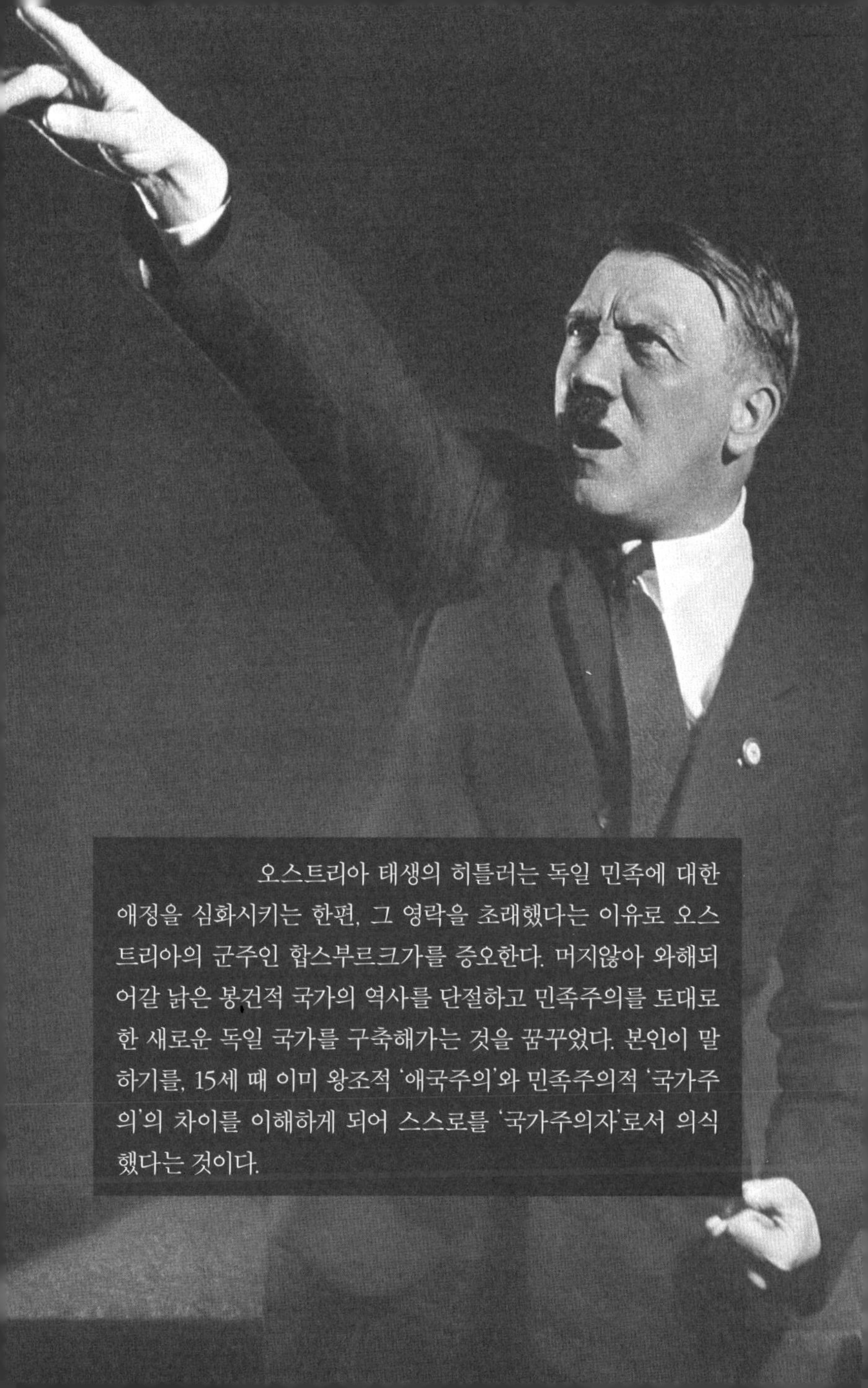

오스트리아 태생의 히틀러는 독일 민족에 대한 애정을 심화시키는 한편, 그 영락을 초래했다는 이유로 오스트리아의 군주인 합스부르크가를 증오한다. 머지않아 와해되어갈 낡은 봉건적 국가의 역사를 단절하고 민족주의를 토대로 한 새로운 독일 국가를 구축해가는 것을 꿈꾸었다. 본인이 말하기를, 15세 때 이미 왕조적 '애국주의'와 민족주의적 '국가주의'의 차이를 이해하게 되어 스스로를 '국가주의자'로서 의식했다는 것이다.

사회적 활동은
가소롭고 무의미한 복지에
도취하는 것인 만큼
그 과제를 인정해서는 안 된다.

『나의 투쟁』에서

경제적으로 혜택 받은 계층에 속한 사람들이 혜택 받지 못한 사람들의 고생을 이해할 수는 없다. 그러므로 혜택 받은 사람들에 의해 실행된 사회적 마음가짐은 늘 아무런 의미도 갖지 못하고 혜택 받지 못한 사람들에 의해 거부된다.

이것이 히틀러가 말하는 "가소롭고 무의미한 복지"다. 그런 것보다는 사회 구조 안에 숨어 있는 "(대중을) 타락으로 이끌거나 아니면 적어도 잘못 이끄는" 근본적인 원인을 없애야 한다는 것이 히틀러의 생각이었다.

히틀러와 독일제국 원수 괴링(왼쪽)

민주주의는
'오물과 불에서 생겨난 괴물'을
만들었다.

『나의 투쟁』에서

여기서 말하는 '오물과 불'이란 마르크스주의를 가리키고, 거기에서 '생겨난 괴물'이란 오스트리아 의회를 가리킨다. 히틀러는 오스트리아의 의회주의가 서구 민주주의와 마르크스주의가 결합하여 생겨난 것이라며 적대시했다. 더욱이 당시 오스트리아 의회에서는 독일인이 다수파를 차지하지 못하여 독일인의 이익에 냉담하다고 생각했던 히틀러는 의회주의의 형태 자체에 재앙의 씨가 있다고 생각하게 된다.

소련의 공산당 서기장 스탈린(오른쪽)과 인민위원회의 의장 레닌(왼쪽)

다수는 늘

우둔한 대표자인 것 외에

비겁한 대표자이기도 하다.

『나의 투쟁』에서

동부 전선을 무솔리니(사진 오른쪽)와 함께 둘러보다

다수결을 싫어한 히틀러는 그 폐해로서 "국가 제도의 가장 중요한 지위나 직무에서 놀랄 만큼 빠른 경질이 일어난다"고도 했다. 히틀러는, 다수결을 중시하는 사람들은 중요한 결정을 내릴 때 각자의 책임을 회피하는 비열함을 갖고 있다고 보았다. 그리고 그런 사람들은 우수한 두뇌로 정말 중요한 것을 찾아내 자신의 책임으로 실행하려는 천재를 재빨리 가려내 미워하고 다수결의 힘으로 배제해버린다고 생각했다.

비열한 사람들이
이른바 '여론'의
3분의 2를 만들어내고
그 거품에서 의회주의라는
비너스가 탄생했다.

『나의 투쟁』에서

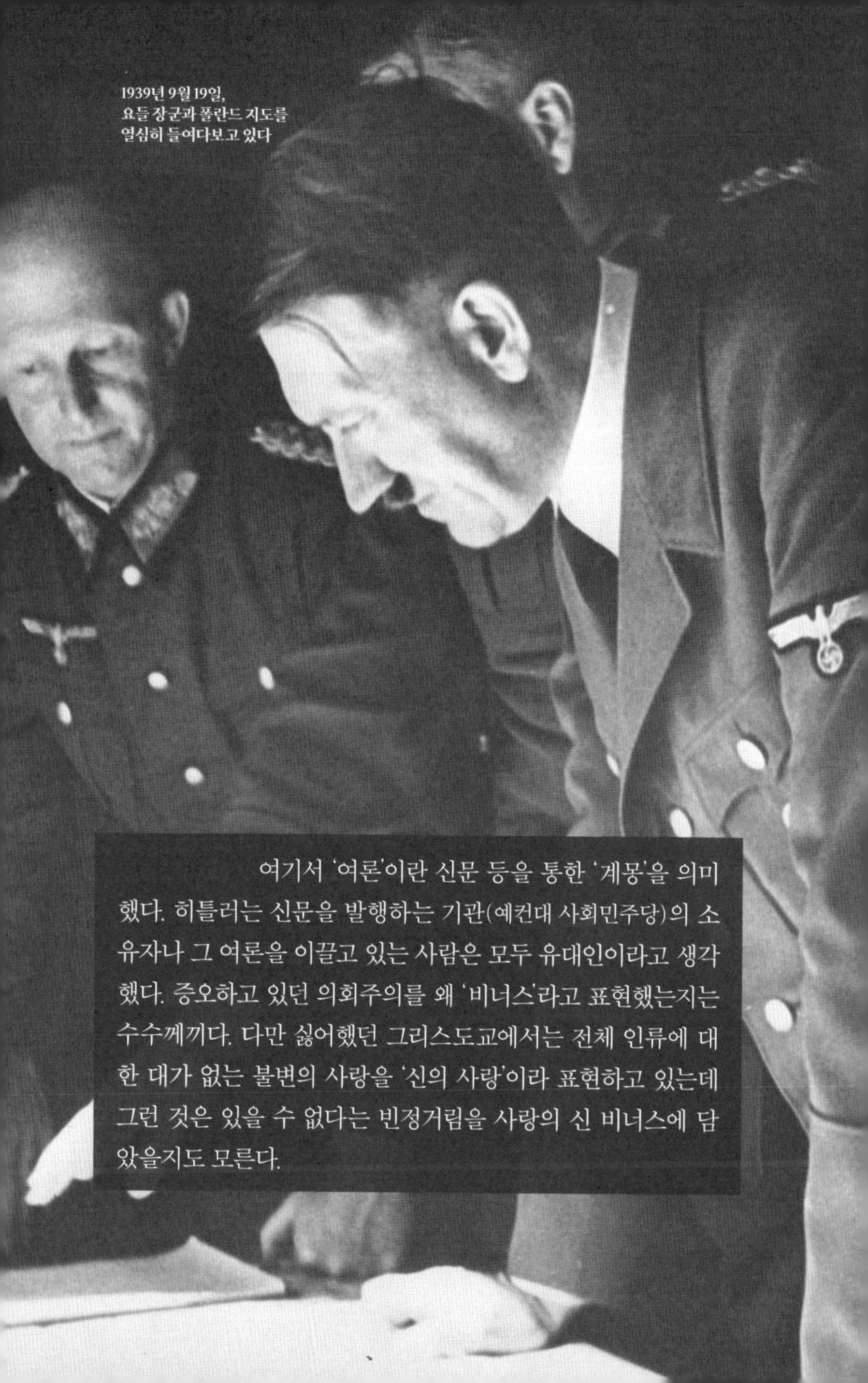

1939년 9월 19일,
요들 장군과 폴란드 지도를
열심히 들여다보고 있다

여기서 '여론'이란 신문 등을 통한 '계몽'을 의미했다. 히틀러는 신문을 발행하는 기관(예컨대 사회민주당)의 소유자나 그 여론을 이끌고 있는 사람은 모두 유대인이라고 생각했다. 증오하고 있던 의회주의를 왜 '비너스'라고 표현했는지는 수수께끼다. 다만 싫어했던 그리스도교에서는 전체 인류에 대한 대가 없는 불변의 사랑을 '신의 사랑'이라 표현하고 있는데 그런 것은 있을 수 없다는 빈정거림을 사랑의 신 비너스에 담았을지도 모른다.

보통선거에서
천재가 태어난다는
허튼 소리는
아무리 격렬하게 반대해도
지나치지 않다.

『나의 투쟁』에서

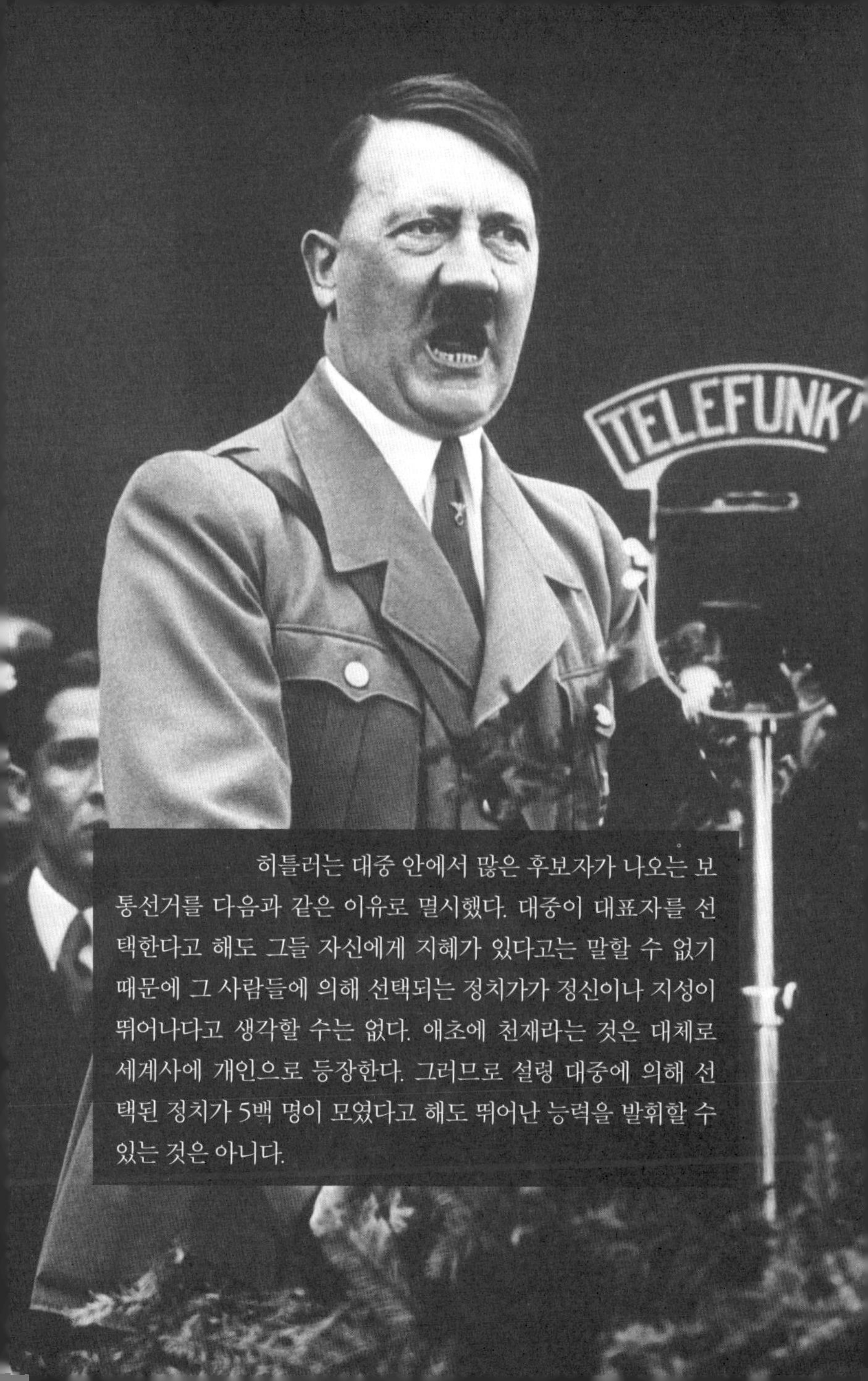

히틀러는 대중 안에서 많은 후보자가 나오는 보통선거를 다음과 같은 이유로 멸시했다. 대중이 대표자를 선택한다고 해도 그들 자신에게 지혜가 있다고는 말할 수 없기 때문에 그 사람들에 의해 선택되는 정치가가 정신이나 지성이 뛰어나다고 생각할 수는 없다. 애초에 천재라는 것은 대체로 세계사에 개인으로 등장한다. 그러므로 설령 대중에 의해 선택된 정치가 5백 명이 모였다고 해도 뛰어난 능력을 발휘할 수 있는 것은 아니다.

과잉 인구를
이주시키기 위한
새로운 영토를 찾는 일은
미래를 바라봤을 때
무한한 이익이 있다.

『나의 투쟁』에서

히틀러의 국토관은, 문화적으로는 열등하지만 잔인한 (러시아인 같은) 민족이 가장 커다란 생활권을 갖고 있기 때문에 무한히 증가할 수 있는 한편 문화적으로는 뛰어나지만 사려 깊은 (독일인 같은) 인종은 영토적인 제한을 타개할 수 없어 인구 증가를 제한하지 않으면 안 된다는 것이다. 히틀러가 빈에서 뮌헨으로 옮겨온 1913년 당시 독일은 매년 약 90만 명의 인구가 증가했기 때문에 미래를 위해서는 '새로운 땅'이 필요하다고 생각했다.

우리에게
의회는 목적이 아니며
단지 목적에 이르는
수단에 지나지 않는다.

1930년 9월 16일

9월 14일의 국회 선거에서 나치당은 사회민주당에 이어 제2당으로 약진했다. 그런데도 의회제 민주주의를 거부하는 연설을 했다. "우리는 어쩔 수 없는 강요로 의회 정당이 된 것에 지나지 않는다"고 한 것이다. 통상 이런 주장을 하면 그 후 선거전에서 불리해질 거라고 생각하겠지만 나치당은 지도자가 피지도자에 대해 무조건적인 복종과 충성을 요구하는 독자적인 '지도자 원리'로 결속을 단단히 했고, 그것으로 기존 정치에 불만을 품은 대중을 이끌어갔다.

국방군은 정부를
지키기 위해서가 아니라
사람들이 살아갈 권리를
지키기 위해 존재한다.

1932년 9월 7일

이는 힌덴부르크 정권하의 파펜 내각에 대한 협박이다. 1932년 7월 31일의 총선거에서 나치당은 제1당으로 약진했다. 부총리로 입각하라는 요청을 거부하고 끝까지 총리 지위를 요구하는 히틀러 아래에서 돌격대를 중심으로 한 무장봉기 주장이 강해졌다. 8월, 공산당원과 그 가족을 살상한 돌격대원 5명에게 사형판결이 내려지자 돌격대는 정부에 대한 협박을 강화한다. 연설에서 한 말은 설사 나치당이 테러를 일으켜도 국민의 지지를 잃은 정부를 군대가 지켜주지 않을 것이라는 의미다.

총리가 된 히틀러 주위에 모인 나치 당원들

나라의 정치적 의사와
국민 의사의
동질화가 완료되었다.

1933년 3월 12일

3월 5일의 국회 선거에서 나치당은 288석을 획득했다. 그리고 공산당을 비합법화하고 81석을 빼앗아 단독 과반수를 차지했다. 그 직후의 연설에서 히틀러가 처음으로 말한 '동질화', 즉 전체 독일의 나치화는 국가적 목표가 되어 국민의 정신적 자유를 빼앗아간다. 히틀러는 이 연설을 한 다음 날 국민의 정신적 동원을 위해 국민계몽선전부를 창설했다. 괴벨스를 장관으로 임명하고 보도, 문학, 조형예술, 영화, 연극, 라디오의 내용을 거의 예외 없이 통제했다.

언론 통제를 꾀하기 위해 베를린 대학의 도서를 불태우다

지금 만약 전체 독일 국민이
우리 안에 감춘
정신에 감동받는다면
독일은
무너지지 않는 불멸의 존재가 될 것이다.

1933년 4월 8일

총 다루는 법을 배우는 히틀러 유겐트

돌격대와 친위대 대원들에게 한 연설이다. 이날 나치당 정권이 제정한 '공무원법'의 효력이 발생하여 정부의 유대인 직원 약 5천 명이 해고되었다. 이미 전권위임법도 제정하게 하여 본격적인 독재체제 만들기에 착수한 히틀러는 소련이나 영국, 프랑스와의 대결을 향해 국민 '정신'의 나치화에 몰두했다. 5월 2일에 유대인과 '정적政敵' 사회민주당의 기반인 노동조합을 금지했다. 5월 10일에는 사회민주당을 배제하여 독일 국민은 정책을 선택할 자유를 잃었다.

우리 앞에 독일이 있고
우리와 함께 독일이 나아간다.
그리고 우리 뒤에
독일이 따라온다.

1933년 9월 2일

기록 영화 〈의지의 승리〉에 담긴 청소년 조직 히틀러 유겐트가 점호를 할 때 말해진 구호다. 나치당의 사적 조직으로 출발한 히틀러 유겐트는 그 2년 후에 법률에 의해 공적인 단체가 되어 10세부터 18세까지의 청소년이 의무적으로 가입하게 되었다. 히틀러가 점호 시간에 말한 '앞에'는 선배를, '함께'는 동시대인을, 그리고 '뒤에'는 다음 세대를 가리킨다. 나치당은 그들에게 단련과 순종을 요구하고 나중에 전쟁이 수렁에 빠지자 전투에도 투입했다.

히틀러 유겐트 집회에서 체조를 하는 소녀들

독일인 여러분!

15년간이나 이어진 불법 행위는

바로 지금

종언을 맞이하려 하고 있습니다.

1935년 1월 15일

독일과 프랑스의 국경 지대인 자르 지방의 귀속 문제로 주민 투표를 한 후에 행한 연설이다. 베르사유조약에 의해 1920년부터 15년간 공업지대인 자르 지방과 그 탄전炭田은 국제연맹의 관리 아래 놓이게 되었다. 프랑스에 의존하는 정도가 높아지고, 1933년에 나치당 정권이 세워지자 수많은 반나치파가 이 지방으로 도망갔다. 그들은 국제연맹 관리의 속행을 요구하는 활동을 했지만 히틀러는 주민의 '독일인 의식'을 부추겨 주민 투표를 통해 독일로 귀속시켰다.

자르 지방 귀속 문제에 관한 주민 투표의 결과를 들은 뒤 전화를 이용해 라디오 연설을 하고 있다

독일 국민은
생존 공간이 좁기 때문에
식료와 원료의
부족에 시달리고 있다.

1935년 5월 21일

파리 시내에 붙은 반히틀러 포스터

두 번째 '평화 연설'의 핵심은 '생존 공간Lebensraum'에 있었다. 나치당은 강령에서 과잉 인구를 이주시키기 위한 땅을 요구하고 있고 히틀러는 『나의 투쟁』에서 동방에서 생존 공간을 획득하겠다는 생각을 말했다. 요컨대 이 연설은 독일이 동방에서 생존 공간을 확보할 수 있다면 유럽의 '정적과 평화'(「위협에 의한 평화」 참고)가 유지된다는 뜻으로도 읽을 수 있다. 침략을 부정하면서 영토 확장을 지향하는 것은 심각한 모순이지만 영국은 소련에 대한 경계심도 있어 독일의 재군비를 허락하고 만다.

우리는 덧없는 존재이지만

독일은 계속 존재할 것이다.

우리는 죽겠지만

독일은 영원히 살아야 한다.

1936년 3월 12일

베르사유조약에 의해 비무장 지대로 정해진 라인란트로의 진주에 대한 시비를 묻는 국민 투표를 위해 히틀러는 이 연설로 도화선을 당겼다. 히틀러가 '우리'라고 말할 때 앞뒤 문맥에 따라 듣는 사람은 '히틀러와 나치당원들을 말하는군' 하고 받아들인다. 하지만 이때의 연설은 '독일'이라는 말을 여기저기에 사용함으로써 듣는 사람 스스로 '히틀러와 독일인(독일 민족)'을 말하는 것이라고 느끼게 되었다.

1936년, 뉘른베르크 집회

수천만 명의 독일인이 국경으로 분단되어 있는 것은 몹시 견디기 힘들다.

1938년 2월 20일

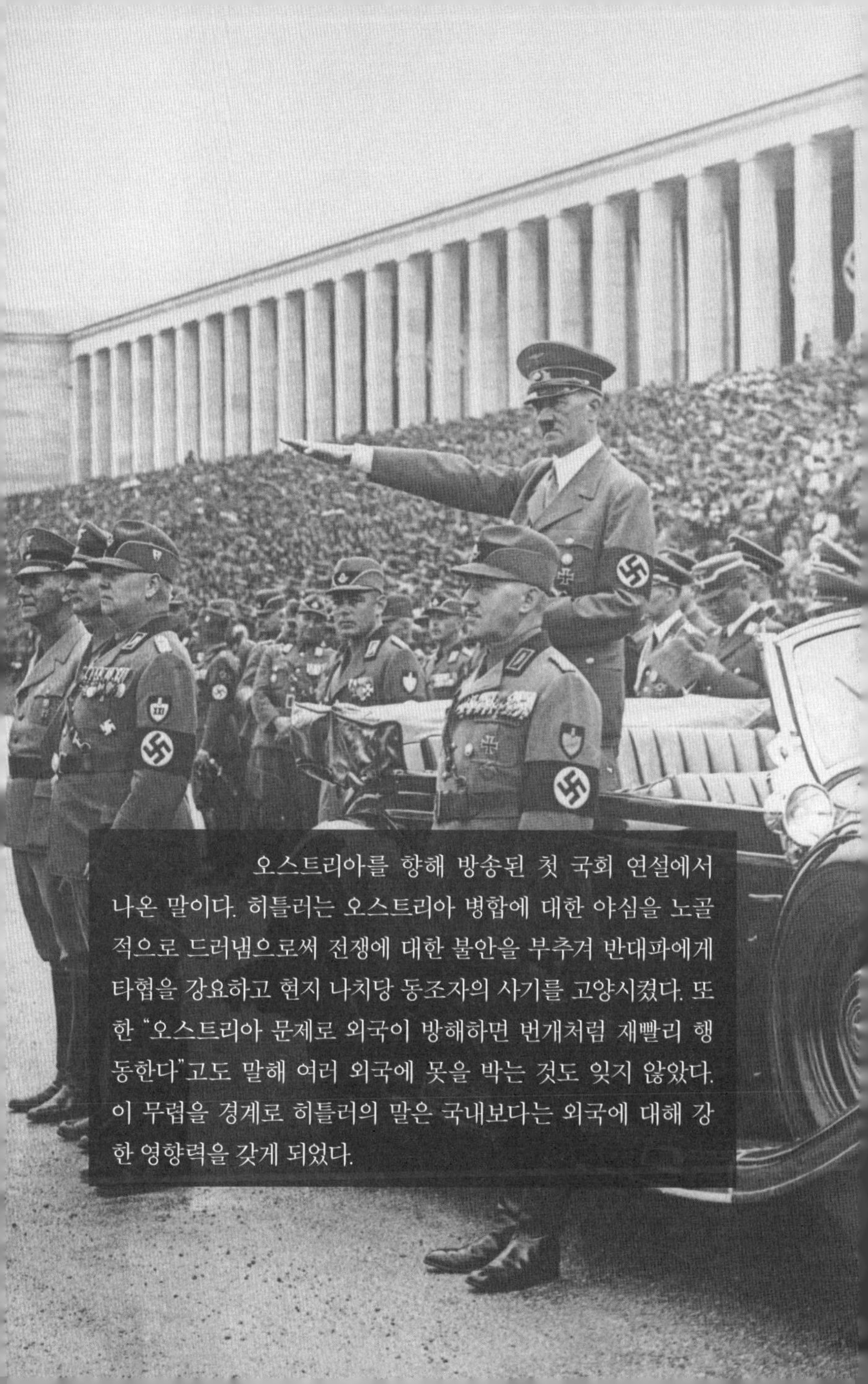

오스트리아를 향해 방송된 첫 국회 연설에서 나온 말이다. 히틀러는 오스트리아 병합에 대한 야심을 노골적으로 드러냄으로써 전쟁에 대한 불안을 부추겨 반대파에게 타협을 강요하고 현지 나치당 동조자의 사기를 고양시켰다. 또한 "오스트리아 문제로 외국이 방해하면 번개처럼 재빨리 행동한다"고도 말해 여러 외국에 못을 박는 것도 잊지 않았다. 이 무렵을 경계로 히틀러의 말은 국내보다는 외국에 대해 강한 영향력을 갖게 되었다.

독일의 이 땅은
앞으로도 결코 타국에
빼앗기는 일이 없을 것이다.

1938년 10월 3일

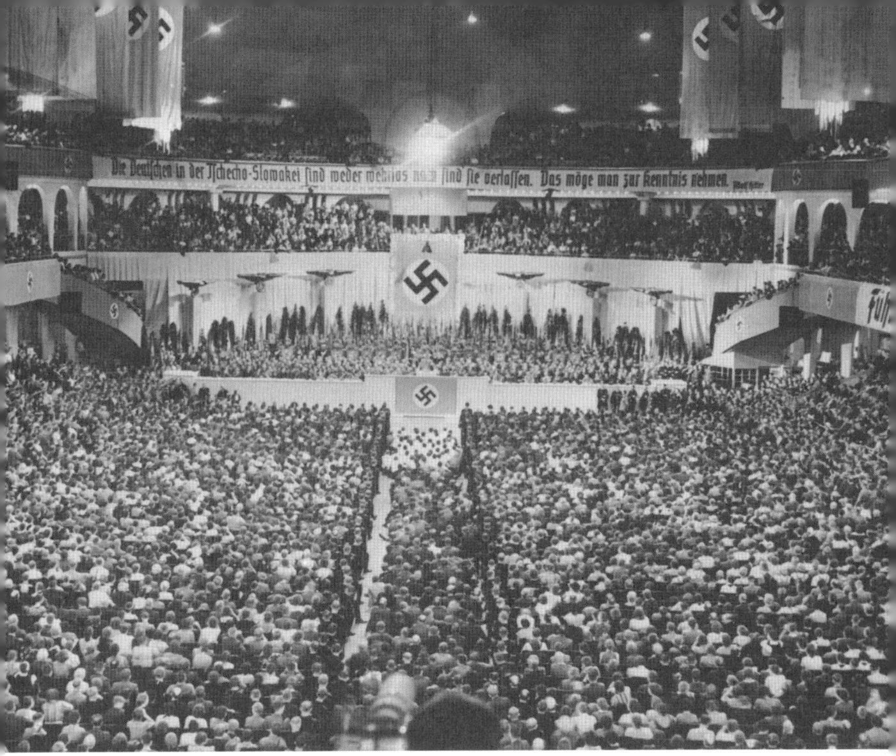

스포츠 궁전에서 스데텐 지방의 반환을 요구하는 연설을 하다

1938년 9월 29일, 히틀러는 영국, 프랑스, 이탈리아의 수뇌와 뮌헨에서 회담하여 체코슬로바키아 스데텐 지방의 할양을 인정하게 했다. 다음 달에는 독일군이 그 지방에 침입을 개시했다. 히틀러도 현지에 들어가 연설했다. 군사력에 의한 파괴는 하지 않았지만 명백한 침략이었는데도 빼앗긴 땅을 되찾은 것처럼 논리를 바꿔치기했다. 이 연설에 귀를 기울이던 다른 국가들은 히틀러가 어느 정도의 영토를 '되찾으면' 만족하고 진정할 것으로 착각했다.

관리들은
내가 주도권을
잡는 걸
무엇보다 두려워하고 있다.

1941년 8월 1일

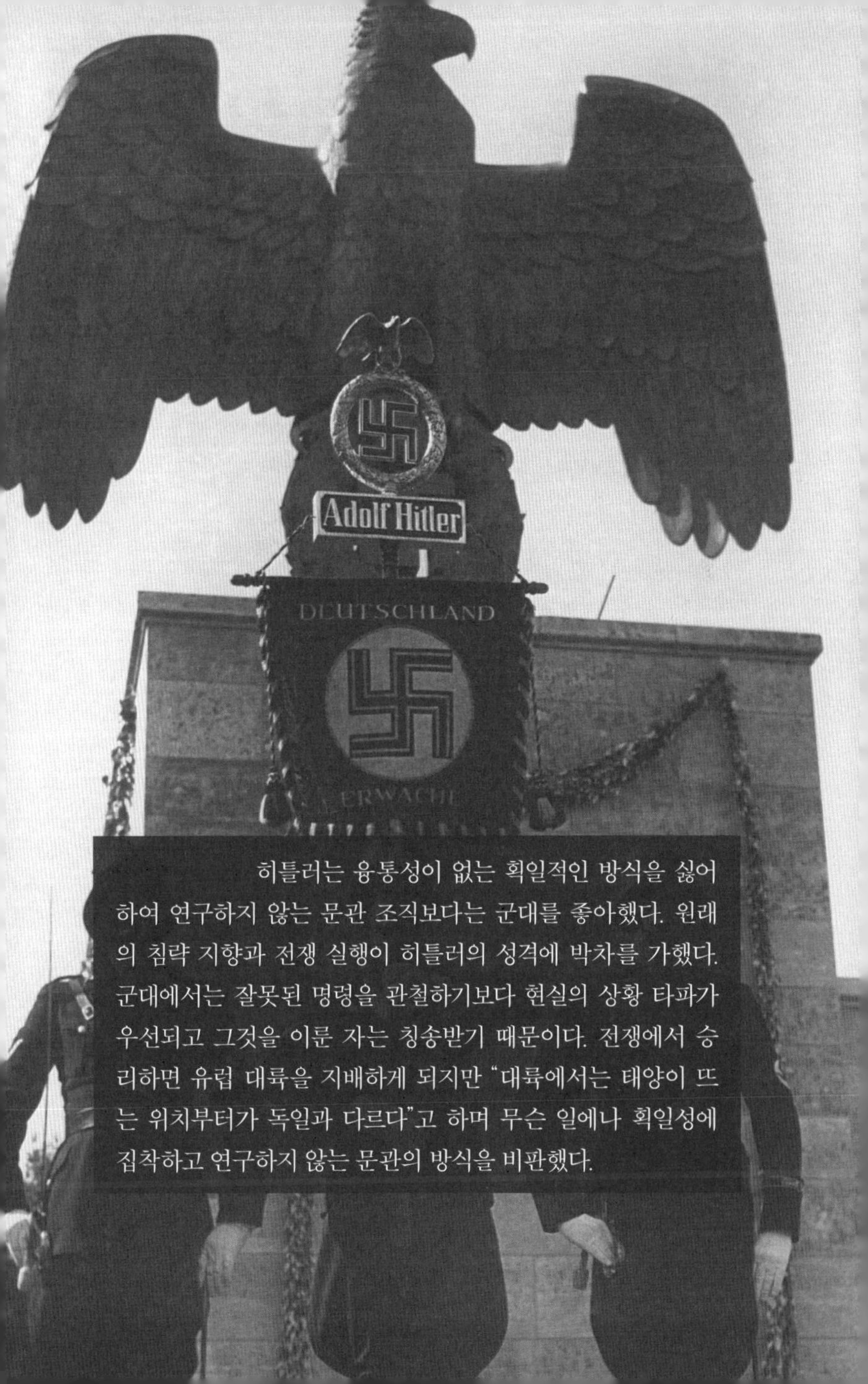

히틀러는 융통성이 없는 획일적인 방식을 싫어하여 연구하지 않는 문관 조직보다는 군대를 좋아했다. 원래의 침략 지향과 전쟁 실행이 히틀러의 성격에 박차를 가했다. 군대에서는 잘못된 명령을 관철하기보다 현실의 상황 타파가 우선되고 그것을 이룬 자는 칭송받기 때문이다. 전쟁에서 승리하면 유럽 대륙을 지배하게 되지만 "대륙에서는 태양이 뜨는 위치부터가 독일과 다르다"고 하며 무슨 일에나 획일성에 집착하고 연구하지 않는 문관의 방식을 비판했다.

관계자 중 어느 누구도

올림픽이

국외에서의 신용을 높이고

독일의 위신을 올려주는

둘도 없는 기회라는 것을

고려하지 않았다.

1942년 4월 12일

1936년 베를린 올림픽 경기장에 히틀러가 등장하자 나치식 경례로 환영하는 대규모 관중

히틀러에 따르면 베를린 올림픽(1936년)을 위한 스타디움 예상 건설비는 110~140만 마르크였지만 최종적으로는 7700만 마르크나 들었다. 그래도 5억 마르크 이상의 외화를 끌어들였기 때문에 성공이라고 한다. 전쟁에 대한 생각도 마찬가지로 "유사시 너무 약해서 이길 수도 없는 군대에 1페니라도 쓰는 것은 어리석은 짓이다." 아무리 돈을 들여서라도 승리하면 어떻게든 되는 법이라는 뜻이기도 하다.

비서나 점원, 그리고 예술가 등
일하는 여성이 생활할 수 있는 수입을
확실히 보장해준 것도
우리의 커다란 성과다.

1942년 5월 20일

결혼한다는 소문까지 났던 비니프레트 바그너와 히틀러

나치당의 여성 정책은 편의주의 자체였다. 원래 히틀러의 여성관은 혈통의 증식을 위해 다산하는 헌신적인 주부이고 가정에 가둬두는 것을 지향하는 것이었다. 그러나 선거에서 여성 표를 잃을까 두려워 '이성異性의 동지'라고 부르며 존중하는 척했다. 그러나 정권을 장악하자 국가나 자치체의 여성 관료를 일제히 해고했다. 그런데 전쟁에 의해 노동력이 부족해지자 여성을 현장에 동원했다. 여성을 국방 임무에도 종사하게 하면서도 병사로 인정하려고 하지는 않았다.

히틀러의 51번째 생일을 축하하는 군중들

Chapter 03

투쟁

우리는 이미
외국의 식민지가 되었다.
더구나 우리는
가능한 한 비굴한 태도를 취하고
자기 자신의 명예를 훼손하면서까지
식민지화를 거들었다.

1922년 4월 12일

총리가 된 히틀러가 힌덴부르크 대통령에게 인사를 하고 있다

독일은 이미 유대인에게 빼앗겼고 그 기회를 제공한 것은 공평과 공정을 주장하는 민주주의 신봉자들이었다는 의미다. 애초에 나치즘에서는 민주주의도 유대인이 만들어낸 것으로 여겨졌다. 민주주의 이외에도 의회주의, 마르크스주의, 볼셰비즘, 자유주의, 평등주의, 그리고 독일 제국을 나락으로 떨어뜨린 제1차 세계대전 등 "모든 반독일적인 것의 창조자"라고 여겨진 것이 유대인이었다.

사유재산이라 부르는 것은

스스로가 노동에 의해
취득한 것뿐이다.

1923년 4월 27일

유대인 배척 운동의 일환으로 베를린의 유대인 상점을 폐쇄하다

토지를 매매나 투기의 대상으로 해서는 안 된다고 하며 그 이유로 한 말이다. 나치당 강령에는 "불로소득의 철폐, 기생 지주의 타파"가 주장되었지만 이 연설은 유대인이 이권을 독점하고 있다는 주장을 근거로 하고 있다. 원래 독일인이 소유해야 할 '국민 재산'인 토지를 유대인에게 빼앗기고 있고, 그런 것을 허용하는 법률도 개정해야 하며 그것을 위해서는 여론을 조작하는 신문사에서도 유대인을 쫓아내야 한다는 것이었다.

실제로
이 심상치 않은 사회는
사려 깊음이 결여되어 있다.

『나의 투쟁』에서

'이 심상치 않은 사회'란 노동자의 사회를 가리킨다. 히틀러는 빈에서 보조노동자로서 일했다. 쉽게 일자리를 찾기도 했지만 애써 찾은 일자리가 어이없이 없어지는 경우도 있었다. 히틀러도 일자리를 잃은 적이 여러 번 있었다. 그런 불안정한 생활에 의지하지 않을 수 없는 노동자들은 얼마간의 수입과 무수입 사이에서 동요하고, 끝내는 일을 중도에서 팽개치게 되어 타락해가고 만다. 그런 현실을 히틀러도 한 노동자로서 체험했던 것이다.

손에는 옷과 속옷을 넣은
트렁크를 들고
마음에는 흔들림 없는 의지를 갖고
나는 빈으로 갔다.

『나의 투쟁』에서

아버지의 유산은 어머니의 병원비로 사라지고 히틀러는 고아 연금만으로는 먹고 살 수 없는 처지가 되었다. 그래서 품은 '흔들림 없는 의지'란 관리 이외의 '뭔가'가 되려는 결심을 말한다. 1907년 9월에 미술 아카데미 입시에서 떨어진 히틀러는 화가보다는 건축 도안가가 자기에게 적합하다고 생각하면서 보조 노동자나 화공으로 내핍 생활을 하는 가운데 인간관을 키워나갔다. "나는 인간을 처음으로 알았고 공허한 외모나 촌스러운 외관과 내부의 본질을 구별할 수 있게 되었다"고 말했다.

오스트리아의 브라우나우에 남아 있는 히틀러의 생가

우리가 발전하는 데
더욱 나은 기반을 만드는
심원한 사회적 책임감과
이에 비해
개선하기 힘든 괴물을 무너뜨릴
단호한 결의.

『나의 투쟁』에서

대중이 불안정한 생활 속에 동요하면서 '세상은 이런 거지' 하며 자포자기한 심정으로 타락해가는 상황을 개선하기 위해 히틀러는 두 가지가 필요하다고 생각했다. 하나는 지금의 사회 형태를 단순히 받아들이거나 그 수정을 시도하는 것이 아니라 새롭게 출발하여 종래와는 전혀 다른 사회를 만들어나가는 것, 그리고 또 하나는 '그런 것은 불가능하다'며 겁을 먹고 도전하려고 하지 않는 사람들의 저항을 극복해가려는 결의였다.

오늘의 독일은
우리의 운동에
더할 나위 없이
좋은 토양이 되었다.

1925년 12월 12일

이 말은 당시의 정세에 비춰 말한다면 '허세'다. 이 무렵 나치당은 영락하는 경향이었다. 이듬해인 1926년에 노벨 평화상을 수상하는 외무장관 구스타프 슈트레제만이 미국의 후원으로 배상금 감액에 성공했다. 국제연맹 가맹도 성공시켜 독일의 정치 경제는 안정을 얻었다. 사회의 혼란을 틈타 당세를 확대한 나치당에는 역풍이다. 다만 영토 문제 등 독일 국민의 '반발의 불씨'는 남아 있어 히틀러는 그런 '토양'을 언급하여 운동의 사기를 유지했다.

히틀러, 나치당 간부 슈트라이허(오른쪽)와 부총통 헤스(왼쪽)

예수 그리스도는
부패한 세계에서 일어나
신앙을 설파했다.
처음에는 조롱을 받았지만
머지않아 이 신앙이
커다란 세계적 운동이 되어갔다.

1925년 12월 12일

히틀러는 연설을 하기 전에 그 구성을 며칠에 걸쳐 정성껏 다듬었다. 예컨대 12월에는 그 내용을 교묘하게 크리스마스와 결부시켜 그리스도의 가르침이 보급되기까지 그 수난의 도정과 나치당의 세력 확대 과정을 겹치게 했다. 동시에 자신을 그리스도와 겹쳐 놓고 인류의 '구원자'라는 이미지를 드러냈다. 아울러 히틀러는 유대인과 함께 그리스도교도 증오했지만 "그리스도는 아리아인의 피를 갖고 있었다"고 단언했다.

역사상 중대한 사건과 마찬가지로

세계사는
각자의 활동이 보인 성과다.

그것은 결코
다수결의 성과가 아니다.

1926년 11월 22일

나치당의 회담을 검토하고 평가하는 히틀러

히틀러에게 민족이나 세계를 누가 지도할까 하는 문제는 각자가 갖고 태어난 자질에 의해 결정되는 것이지 어리석은 대중인 다수의 의사에 영향을 받아야 할 것이 아니었다. 그런 생각에 따르면 다수결에 의거하는 의회제 민주주의 역시 누군가가 어떤 목적을 달성하기 위해 만들어낸 장치에 지나지 않았다. 그리고 독일은 민주주의에 의해 멸시당하고 있고 그 '창조자'는 유대인이라고 생각한 듯하다.

베르사유조약을 엄수했기 때문에
독일이 붕괴하여
세계 경제가 혼돈 속에
빠지는 것을
나는 결코 보고 싶지 않다.

1931년 12월 5일

1929년의 세계 공황에 의해 독일 경제는 다시 괴멸적인 상황에 빠졌다. 나치당은 국민의 불안을 틈타 당세를 확대하고 이듬해 국회에서 제2당으로 약진했다. 국제적인 관심이 높아지자 히틀러는 외국 미디어를 적극적으로 이용하여 국제사회를 위협했다. 이 말에 포함된 것은 "경제적 혼돈이 싫으면 베르사유조약에 의한 독일 압박을 그만두라", "어차피 내가 권력을 장악하면 베르사유조약은 포기할 생각이다"라는 이중의 위협이다.

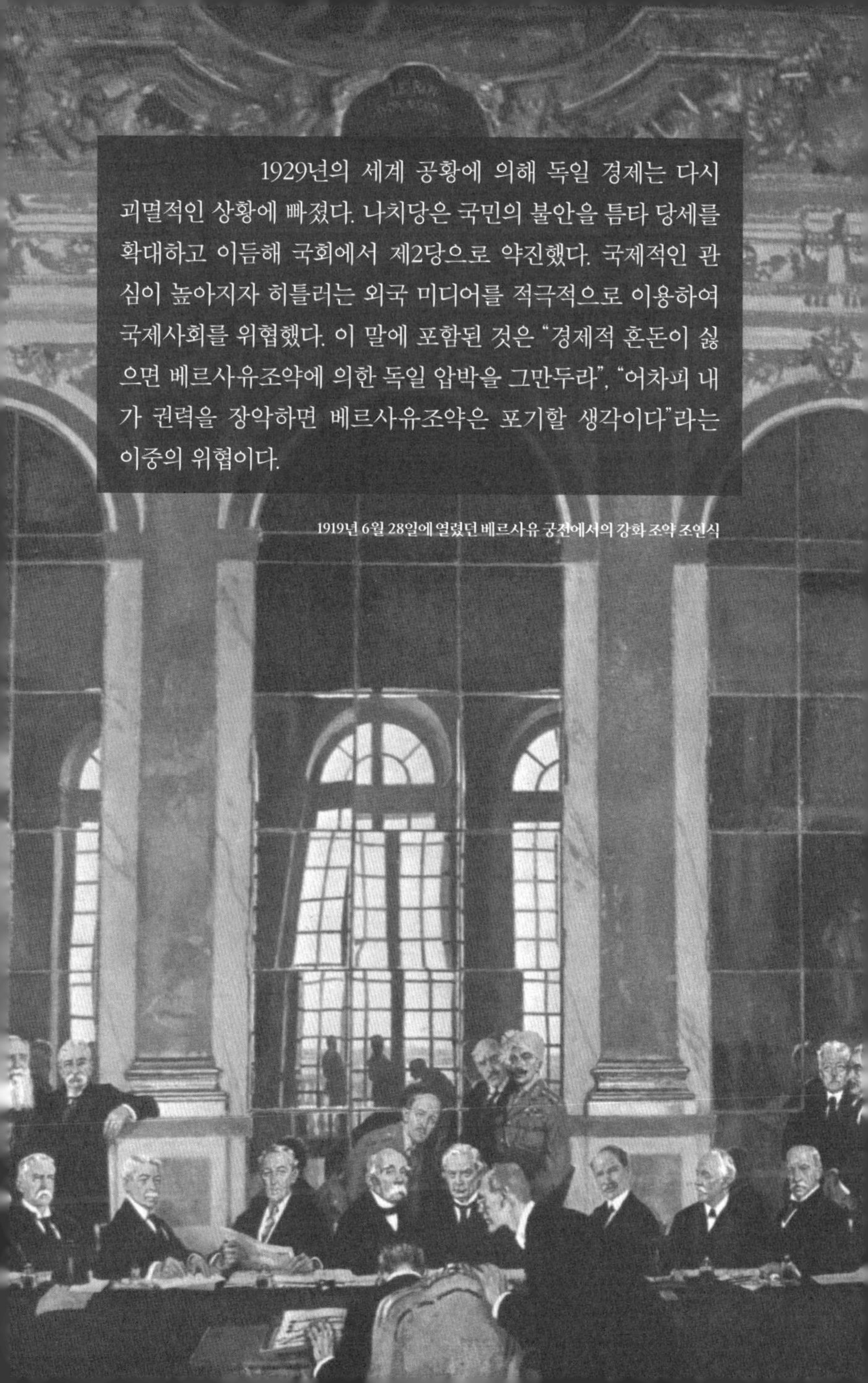

1919년 6월 28일에 열렸던 베르사유 궁전에서의 강화 조약 조인식

사람들은 부르주아 정당에 의한

체제를 바라고 있는 게 아니라

단 한 사람의 인물이

책임을 지는 것을 바라고 있다.

1931년 12월 7일

힌덴부르크에게 패배한 1932년의 선거 연설 풍경

나치당은 1930년의 국회 선거에서 제2당으로 약진했지만 577석 중에서 불과 107석을 차지하는 데 지나지 않았다. 15개의 당파가 뒤섞인 국회는 합의를 이끌어내는 데 어려움을 겪었고 독일의 정치 경세는 위기의 양상이 심해진다. 그런 가운데 히틀러는 거리낌 없이 자신을 '독재자 후보'로서 선전했다. 미디어의 인터뷰에서는 "대통령 후보가 될 의도는 없다"고 말했으면서 "단 한 사람의 인물"이라는 말을 사용하여 언젠가 독일을 이끄는 사람은 자신임을 시사했다.

우리 자신이 직접 목격한,
독일인의 비참한 생활 모습.
우리 국민은 인플레이션을 견뎌야만 하고,
인플레이션이 수많은 국민으로부터 저금을 빼앗았다.

1933년 2월 10일

1931년 7월, 세계 공황의 충격을 받고 혼란에 빠진 베를린 시민

1933년 1월 30일, 히틀러는 총리에 취임했다. 말 그대로 권력을 수중에 넣고 그 이전의 위정자를 가차 없이 단죄한다. 특히 "가장 가공할 만한 범죄"의 "모든 것에 책임이 있다"고 여겨진 것이 "1918년 11월의 인물들", 다시 말해 독일의 혁명과 제1차 세계대전의 종결(패전)을 주도한 지도자들이었다. 히틀러는 이런 형태로 전후의 혼란스러운 역사를 검토하고 평가해보임으로써 간접적이지만 전혀 다른 나라가 되어가는 독일의 모습을 국민에게 확인시켰다.

자동차가
부자만의 것인 한
국민을 빈부 두 계급으로 나누는
도구일 수밖에 없다.

1933년 2월 11일

프랑크푸르트에서 아우토반 공사의 첫 삽을 뜨다

이날 개막한 베를린 국제 모터쇼에서 히틀러는 '국민차' 구상을 밝혔다. 독일 민족이 대륙을 지배해야 한다고 생각하고 있던 히틀러에게 자동차 보급은 불가결한 것이었다. 빈부에 상관없이 독일인으로 하여금 자동차로 대륙을 달리게 함으로써 독일의 경제·문화권을 넓히려고 했다. 이 구상에 따라 저명한 설계자인 페르디난트 포르셰가 진보적인 메커니즘을 갖춘 소형차(폭스바겐)를 개발한다.

결국

군축 문제의 해결 없이 경제 재건을 생각할 수는 없다.

1933년 5월 17일

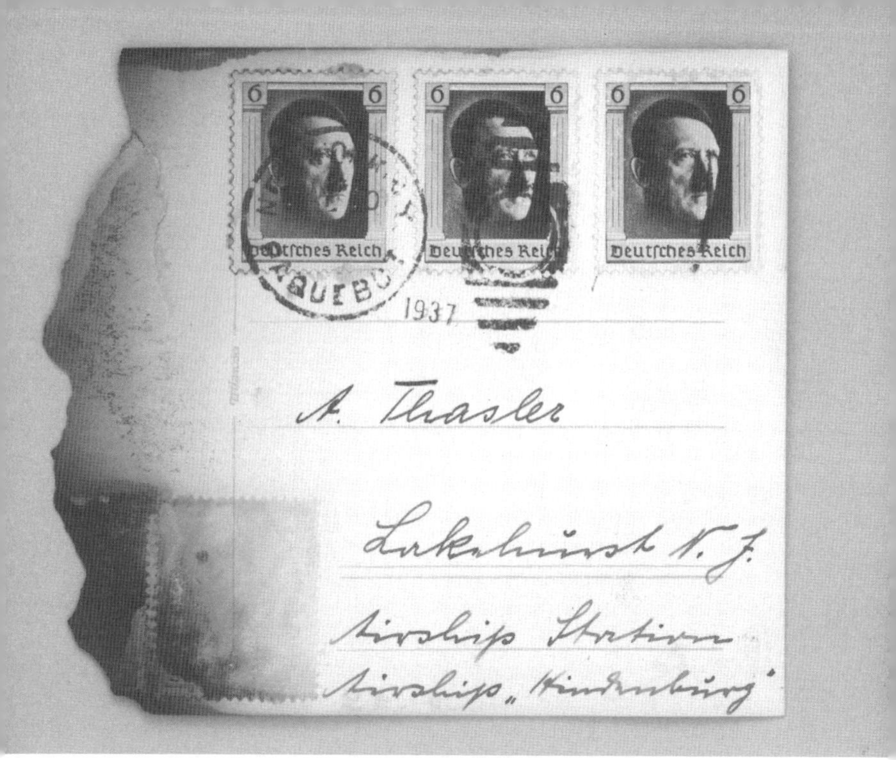

이 전날인 1933년 5월 16일 미국 대통령 루스벨트는 세계 44개국에 근본적인 군축을 제안했다. 이를 받아들인 것이 히틀러의 '평화 연설'이다. 유럽의 문제 해결을 위해 전쟁을 이용하는 걸 비판하는 내용이었다. 베르사유조약에 따라 군축 중인 독일을 본받아 다른 나라도 군축을 해야 한다는 내용으로, 거기에 자국의 경제 사정을 관련시켜 설득력을 갖게 했다. 국제 사회는 크게 안도했지만 이것이 시간을 벌기 위한 말이었다는 것은 역사가 증명해주었다.

전 세계에서 독일의 힘을

진전시키기 위해

지금 필요한 것은 질서다.

1933년 7월 2일

돌격대의 간부들을 '견제'하는 연설이다. 히틀러가 말하는 '질서'란 그의 독재 권력에 거스르는 자가 없는 상태를 가리킨다. 이 당시 돌격대는 300만 명이나 되는 인원을 거느리고 있었는데 그중에는 사회주의적인 사상을 가진 자도 많았다. 보수파와의 협력을 중시하는 히틀러에 비해 참모장 룀 이하의 돌격대원들은 자본가나 지주와의 타협을 그만두고 사회주의적인 정책을 내세울 것을 요구하는 '제2혁명'을 주장했다. 그리하여 히틀러와의 알력이 심해졌다.

베를린에서 지지자로부터 경례로 환영을 받는 선전장관 괴벨스(왼쪽)와 히틀러

그들에게는 '나는 믿는다'라는
신념의 고백만으로는 불충분하고
'나는 싸운다'라는
투쟁의 맹세가 필요해진다.

1934년 9월 5일~10일

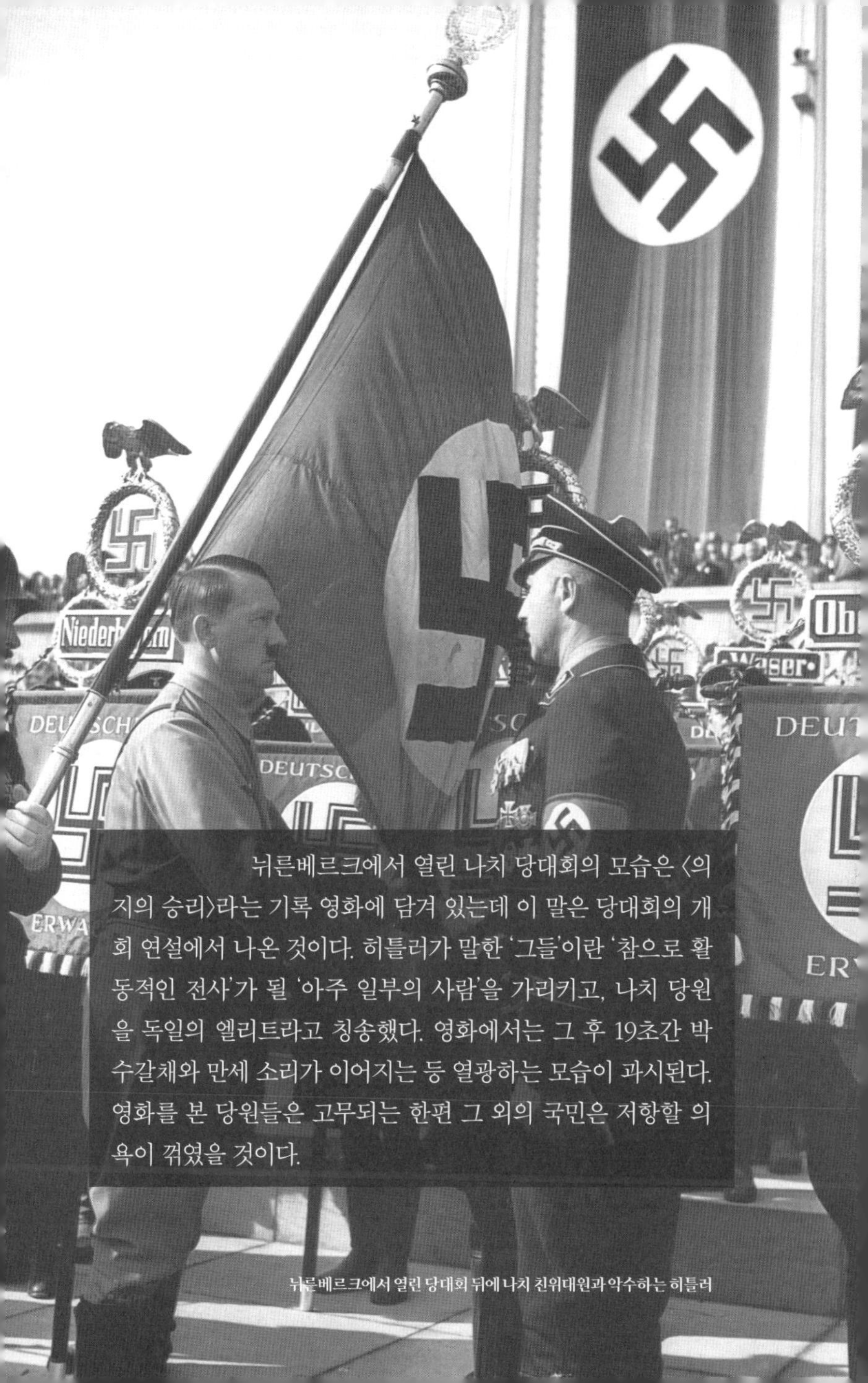

뉘른베르크에서 열린 나치 당대회의 모습은 〈의지의 승리〉라는 기록 영화에 담겨 있는데 이 말은 당대회의 개회 연설에서 나온 것이다. 히틀러가 말한 '그들'이란 '참으로 활동적인 전사'가 될 '아주 일부의 사람'을 가리키고, 나치 당원을 독일의 엘리트라고 칭송했다. 영화에서는 그 후 19초간 박수갈채와 만세 소리가 이어지는 등 열광하는 모습이 과시된다. 영화를 본 당원들은 고무되는 한편 그 외의 국민은 저항할 의욕이 꺾였을 것이다.

뉘른베르크에서 열린 당대회 뒤에 나치 친위대원과 악수하는 히틀러나는 '불가능'이라는 말을 미워한다.
그것은 어느 세상에서나
비겁한 자의 면죄부다.

결코 위대한 결단을
단행하지 않는 사람의 면죄부였다.

1938년 5월 26일

국민차로서 계획된 폭스바겐의 제조 공장 기공식에서 한 연설이다. 히틀러는 그 5년 전에 자동차의 “생산비와 유지비를 민중의 수입과 조화시킬” 것을 제창했는데 처음에는 ‘불가능하다’고 하여 반대에 부딪혔다. 하지만 히틀러는 몇몇 정책에서 이러한 반대에 부딪히지만 실행에 옮겨간다. 그럴 때마다 반대파에게 ‘비겁한 자’라는 낙인을 찍으며 자신을 따르지 않는 자들의 입을 막고 동시에 자신의 무오류성을 강하게 호소해간다.

히틀러와 독일제국 원수 괴링(왼쪽)

체코슬로바키아가
이 요구를 받아들일지
아니면 우리가
이 자유를 스스로의 손으로
쟁취하러 갈지
그 어느 쪽일 것이다.

1938년 9월 26일

히틀러는 뮌헨 회의에 앞서 열린 당대회에서 베르사유조약 등에 의해 오스트리아로부터 체코슬로바키아로 할양되어 있던 스데텐 지방의 '반환'을 요구했다. 연설에서 말한 '자유'란 스데텐 지방에서 독일계 주민이 '압박'을 받고 있기 때문에 '해방'시켜주겠다는 논리다. 이는 영토를 내놓든가 독일과의 전쟁을 하든가 양자택일하라고 압박하는 최후통첩이고, 결과적으로 영국과 프랑스 등이 뜻을 굽혀 히틀러는 순조롭게 목적을 달성했다.

이처럼 수십 년에 걸쳐 이루어진 평화 프로파간다에는 우려할 만한 면이 있다.

1938년 11월 10일

독일군의 포격에 노출되어 있는 소련군 병사

이 비밀 연설은 신문계의 대표를 모아놓고 이루어졌다. 앞으로는 평화를 언급하지 말고 "국민의 마음을 전쟁 준비로 향하게 해야만 한다"는 내용이었다. 이 말을 하기 전에 히틀러는 지금까지 자신이 평화를 말해온 것은 필요에 따른 것이고 그 덕분에 (주변의 여러 나라들을 속이고) 영토와 무장武裝을 쟁취할 수 있었다고 말했다. 그 과정에서 그가 '우려'라고 한 것은 독일 국민이 평화에 안주해버리는 일뿐이었다.

평화를 위한 공격.

1939년 9월 1일

히틀러는 이 연설에서 "어젯밤 폴란드 정규군이 우리나라를 공격해왔다. 그 때문에 우리는 반격하지 않을 수 없게 되었다"고 하여 상대가 도발했다고 말하며 폴란드 침공을 단행했다. 이렇게 상대가 '도발했다'는 주장은 히틀러의 특기다. 또한 모순된 말과 말을 조합하여 상대의 인상을 조작하는 이중어법도 히틀러의 발언에서 자주 보이는 것으로, '평화를 위한 공격'은 그 전형이라 할 수 있다.

체코 프라하의 반독일 운동을 진압하기 위해 출동하는 히틀러의 친위대

안심하라,
그것은 시작된다.

1940년 9월 4일

1940년 독일은 북유럽과 서유럽 각국을 침공했다. 6월 14일에는 파리에 무혈입성했다. 영국에 대해서는 군사력을 과시하면서 화평을 제안하지만 처칠 수상이 즉각 거부한다. 독일군은 영국 상륙 작전의 전 단계인 항공 결전에서 고전한다. 영국에서 "그것(영국에 대한 공격)은 왜 시작되지 않는가?"라고 조롱하자 히틀러는 유머를 담은 교묘한 연설로 되받아쳤다. 이것으로 국민의 사기도 올라가고 "안심하라, 그것은 시작된다"는 말은 유행어가 되기도 했다.

독일과 프랑스의 휴전 협정을 맺기 위해 조인식을 거행할 열차에 타는 비시 정부 대표 앙치제르

결단의 정신이란
덮어놓고 행동하는 것이 아니다.
내적 확신이 행동하라는 명령을 내렸을 때
결코 망설이지 않는 것이다.

1941년 9월 17일

여기서 말하는 '결단'이란 독일과 소련의 전쟁이 시작될 때 내려진 결단을 의미한다. 독일은 소련과 전쟁을 시작함으로써 영국 등과의 서부 전선에 더해 동부 전선과 '양면 작전(two-front warfare)'을 준비하게 되었다. 전쟁에서 가장 피해야 할 모험주의지만 히틀러는 그렇지 않다고 강변했다. 그러나 독일과 소련의 전쟁 배경에 영국 본토에 대한 항공 결전의 실패에 의한 막다른 상황이 있었다는 것은 분명하고, 히틀러는 그것을 타개하기 위한 '모험에 나서는 결단'을 내린 것에 지나지 않았다.

동부 전선의 볼프스산체 지휘소에서 동부 점령지 장관 로젠베르크(가운데), 측근 라머스(왼쪽)와 히틀러

사람이 호랑이를 죽이든
호랑이가 사람을 잡아먹든
지구는 돌고 있다.
강한 자가 자신의 의사를 행사한다.
이것이 자연의 법칙인 것이다.

1941년 9월 23일

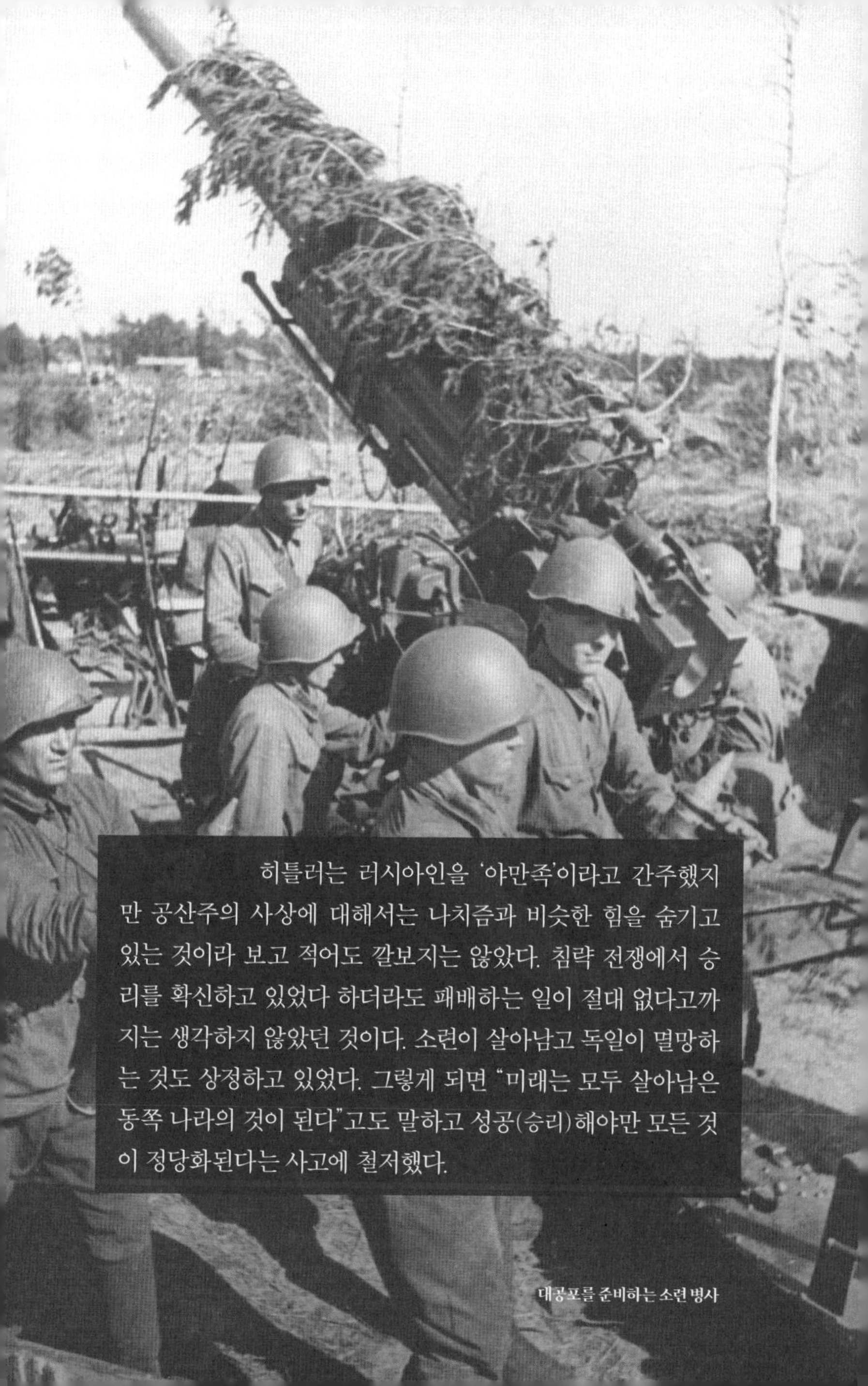

히틀러는 러시아인을 '야만족'이라고 간주했지만 공산주의 사상에 대해서는 나치즘과 비슷한 힘을 숨기고 있는 것이라 보고 적어도 깔보지는 않았다. 침략 전쟁에서 승리를 확신하고 있었다 하더라도 패배하는 일이 절대 없다고까지는 생각하지 않았던 것이다. 소련이 살아남고 독일이 멸망하는 것도 상정하고 있었다. 그렇게 되면 "미래는 모두 살아남은 동쪽 나라의 것이 된다"고도 말하고 성공(승리)해야만 모든 것이 정당화된다는 사고에 철저했다.

대공포를 준비하는 소련 병사

청중을 휘어잡는 무대장치는
반드시 필요하며
어떻게 해서라도
만들어내야 한다.

1941년 10월 21일

뉘른베르크 당대회에서 차를 타고 퍼레이드를 하는 히틀러

히틀러는 오페라 가수에 의한 발성과 제스처의 개인 레슨을 받는 등 어떻게 하면 인상적인 연설을 할 수 있을지 고심했다. 한편 프로파간다의 재료로서 사진이나 기록 영화는 물론이고 자신의 '목소리'를 널리 알리는 장치로서 라디오나 확성기라는 최신 장치도 일찌감치 선거 활동에 도입했다. 그리고 민족적 결속을 강화하는 '장場'의 창설에도 여념이 없어 1년에 한 번인 당대회나 추수감사제 등을 대대적으로 개최하여 프로파간다에 이용했다.

국가의 독립,

정치적 수준에서의 독립은
그 나라의 군사력만이 아니라
자급자족 태세가
갖춰져 있는가에도 달려 있다.

1941년 10월 26일

레바논의 베이루트를 행진하는 친독파 프랑스 식민지군

히틀러가 독일 민족의 '생존 공간'으로서 유럽 동부에서 영토를 구했던 것에서도 알 수 있듯이 히틀러에게 국가와 자급자족은 불가결한 것이었다. 또한 히틀러는 철저하게 육상 지향을 갖고 있었고, 바다 너머의 멀리 떨어진 식민지에는 흥미를 보이지 않았다. 그 때문에 해군력을 이해하려고도 하지 않았다. 아프리카 대륙에서 수입하는 것은 커피나 홍차로 충분하다고 생각한 모양으로 "그 이외의 것은 이곳 유럽에서 입수한다"고도 말했다.

동부 지역에
아우토반을 깔면
거리 문제는
존재하지 않을 것이다.

1942년 7월 18일

프랑크푸르트와 다름슈타트 사이의 아우토반 개통을 축하하는 히틀러

히틀러가 건설시킨 아우토반은 세계 최초의 본격적인 고속도로 네트워크다. 나중에 독일이 자동차 대국으로 성장하는 초석이 되기도 했다. 건설 사업에는 실업자 대책이라는 목적도 있었지만 도로 교통을 통한 독일 세력권의 경제·문화적인 완성을 목표로 하는 구상이 배경에 있었다. 즉 소련 등으로부터 빼앗은 동부의 '생존 공간'에서 국경을 지워 없애는 것이 목적이고 동방에 대한 침략과 아우토반 네트워크의 확대는 하나의 패키지가 되었다.

'실패할지도 모른다'며
나약한 생각을 하고 있으면
그 작전은 확실히 실패한다.

1942년 8월 21일

히틀러는 다른 기회에 "결단의 정신이란 덮어놓고 행동하는 것이 아니다. 내적 확신이 행동하라는 명령을 내렸을 때 결코 망설이지 않는 것이다"라고도 말했다(「결단력」). 베를린 올림픽의 경우도 그렇지만, 그는 결단과 대담함을 중시했다. 하지만 때때로 그것이 높게 평가되는 것은 그것이 성공했을 때뿐이다. 객관성과 신중함을 결여한 히틀러의 작전 개입이 제2차 세계대전에서 독일의 군사적 패인의 하나였다는 것은 잘 알려져 있다.

뉘른베르크의 루이트폴트 아레나에서 승리의 깃발을 흔드는 미군 병사

1925년 7월에 발행된 『나의 투쟁』 초판본의 표지

Chapter 04

광기

감정적인 요인에서의
순수한 반유대주의는,
그 궁극적 표현을
절멸에서
찾을 것이다.

1919년 9월 16일

전후, 독일인은 '죽음의 수용소'를 견학시켰다

상사인 마이어 대위에게 제출한 보고서의 한 구절로, 훗날 히틀러 사상의 원형이 된 것이다. 다만 이 시점에서는 "정치 운동으로서의 반유대주의는 (절멸로 이어지는) 감정적인 요인으로 규정되어서는 안 되"고 "사실 인식으로 규정되어야 한다"고 했다. 그리고 그가 목표로 하는 '이성의 반유대주의'는 "유대인의 모든 특권을 계획적·합법적으로 극복하는" 것이라고 한다. 그렇지만 궁극적인 것으로서 '유대인 일반의 배제'를 행하려고 하여 학살 사상의 맹아도 엿보인다.

본질적인 것은 유지하고 본질적이지 않은 것은 잊을 것.

『나의 투쟁』에서

역사 교육에 대해 한 말이다. 역사를 배울 때 중요한 것은 사건의 이름이나 그 날짜를 암기하는 것이 아니라 그 원인과 결과를 아는 것이라는 의미다. 히틀러에게 역사는 독일 민족주의의 근간이었다. 린츠 실업계 중학교에서 잘 가르치던 역사 교사를 만나 이 과목을 좋아하게 되었고, 당시 오스트리아를 지배했던 합스부르크가가 독일 민족에게 불리한 통치를 하고 있다는 생각을 하게 되어 '혁명'을 목표로 하게 되었다고 한다.

1940년 5월 10일
독일군의 전격적인 침공으로
파괴된 네덜란드의 암스테르담

0 7 5

언론 자유는 독

이미 온갖 무기로
자기 자신을 지킬 생각이 없는 제도는
자신을 포기하고 있는 것이다.

『나의 투쟁』에서

파괴된 유대교회

당시 독일에서는 '유대계'라고 여겨진 《프랑크프루터 차이퉁》 등의 신문이 고상함의 상징이었기 때문에 히틀러에게 언론의 자유는 "유대인에 의한 국민 기만과 국민 중독화"와 같은 뜻이었다. 그리고 "이 독물은 아무런 방해도 받지 않고 우리 국민의 혈액 안으로 들어와 효과를 낼 수가 있었지만 국가도 이 병을 박멸할 힘을 갖지 못했다"고 하여 나라의 '무방비함'을 한탄했다.

우수한 인류 존속의
전제가 되는 것은
국가가 아니라
그 자격을 가진
민족이다.

『나의 투쟁』에서

히틀러는 국가라는 틀보다는 가치 있는 문화를 창조하는 '인종'에 중점을 두었다. 이른바 '아리아인' 지상주의다. 그러나 애초에 아리아인이란 인도유럽어족의 총칭으로 그 정의도 애매모호했다. 증오하는 유대인의 일부는 '명예 아리아 인종'으로 취급했고 아시아인을 2류 민족으로 취급했는가 하면 삼국동맹을 맺은 일본이 우방이 되자 일변하여 일본인을 '명예 아리아 인종'이라고 하여 앞뒤 맞추기를 시도했다.

1944년 6월 6일, 연합군의 노르망디 상륙 작전

마르크스주의가 승리하면

우리는 멸망한다.

반대로 우리가 승리하면

마르크스주의가

뿌리째 사라진다.

우리도 가차 없다.

1926년 2월 28일

“마르크스주의에 죽음을”이라고 쓴 깃발을 들고 행진하는 돌격대 대원

마지막까지 항복을 거부한 데서 보이는 것처럼 “죽이느냐, 죽임을 당하느냐”라는 자세는 히틀러에게 끝까지 관철되었다. 그것은 측근들에게도 공유되어 독일제국 원수 괴링은 수용소에서 폭행을 당하고 있던 공산당 당수 텔만에게 “만약 권력의 자리에 앉은 사람이 자네들 쪽이었다면 지금쯤 자네들은 나를 때리는 것으로 끝내지는 않았을 것이다”라고 말했다 한다. 나치의 이런 자세는 정적이나 유대인에 대한 잔인함과 표리일체를 이룬 것이기도 했다.

나는 오늘 다시 예언자이고 싶다.
유대인들이 다시 한 번 여러 국민을
세계대전으로 밀어 넣는 일이 있다면
그 귀결은 유대 인종의 절멸이 될 것이다.

1939년 1월 30일

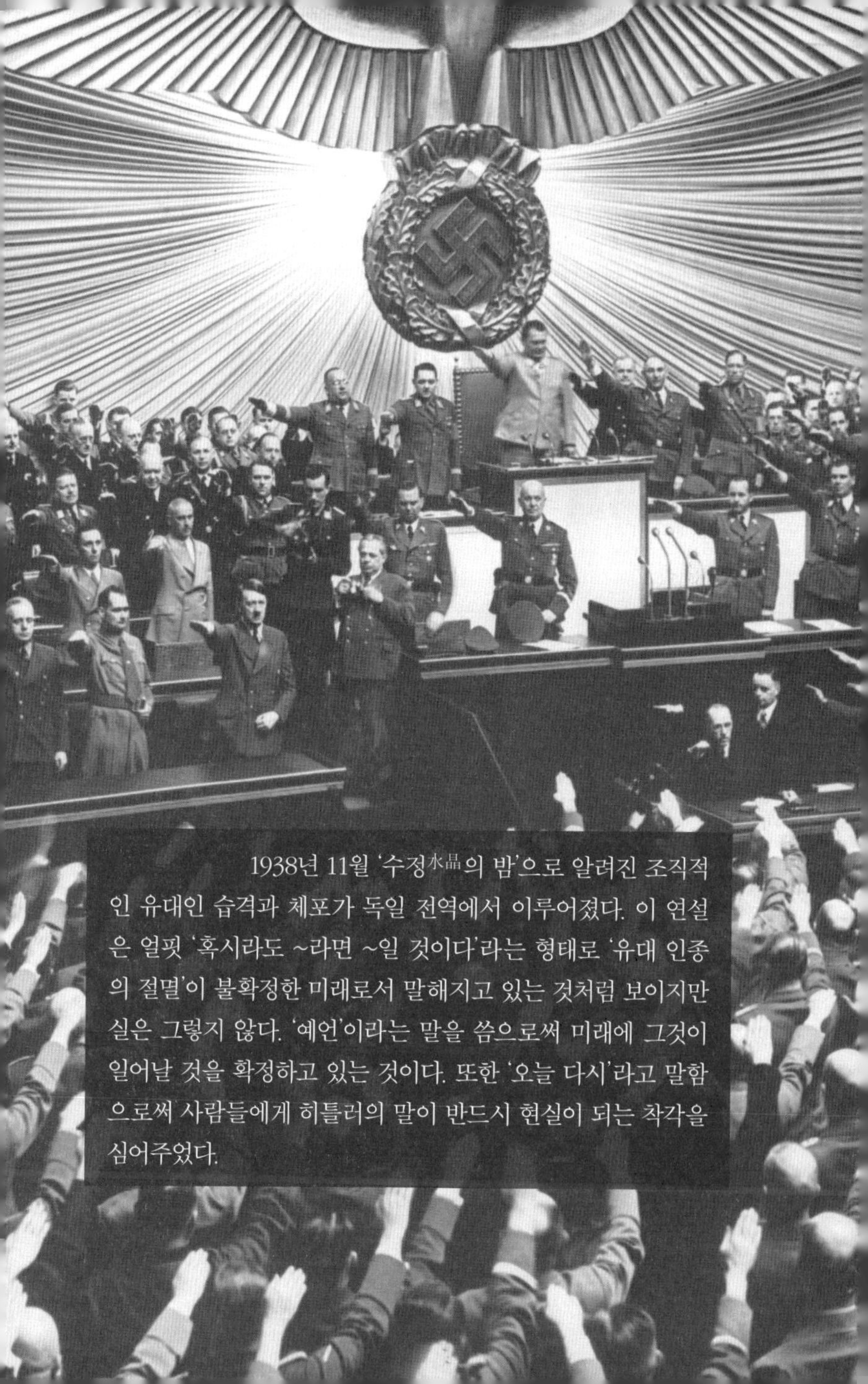

1938년 11월 '수정水晶의 밤'으로 알려진 조직적인 유대인 습격과 체포가 독일 전역에서 이루어졌다. 이 연설은 얼핏 '혹시라도 ~라면 ~일 것이다'라는 형태로 '유대 인종의 절멸'이 불확정한 미래로서 말해지고 있는 것처럼 보이지만 실은 그렇지 않다. '예언'이라는 말을 씀으로써 미래에 그것이 일어날 것을 확정하고 있는 것이다. 또한 '오늘 다시'라고 말함으로써 사람들에게 히틀러의 말이 반드시 현실이 되는 착각을 심어주었다.

내가 옳았다는 것이
앞으로 분명해져갈 것이다.

1941년 1월 30일

'옳았다'고 말하는 것은 유럽의 유대인이 '위기'에 빠뜨릴 것이라고 '예언'한 일을 말한다. 1941년 6월에 독일과 소련의 전쟁이 시작되자 나치 독일은 소련의 침공 지역에서 유대인을 학살하기 시작했다. 독일 국내나 점령지의 유대인도 동방으로 이송했다. 그리고 1942년 1월 20일, 나치 고관에 의한 반제 회의에서 "유럽의 유대인 문제의 최종적 해결"이 토의되어 1942년부터는 아우슈비츠 등의 절멸 수용소에서 홀로코스트(대량 학살)를 시작했다.

독일군의 박해를 받는 바르샤바의 유대인

폭격기 개발이
최우선 과제다.
전투기 개발은
그 뒤여도 된다.

1942년 2월 9일

독일군은 개전 전인 1938년부터 신형 전투기를 구상하며 제트 엔진 개발을 진행하고 있었다. 하지만 히틀러는 폭격기 개발에 집착했다. 연합군의 대규모 폭격에 대한 보복과 유럽 대륙에 대한 침공 저지를 목표로 한 것이었다. 그런데 완성된 제트엔진은 그 특성에 맞지 않아 폭격 작전에서는 성과를 올리지 못했다. 그 후 뒤늦게나마 방공 전투에 투입된 제트기는 뛰어난 성능을 발휘하여 히틀러의 군사 지식이 얼마나 부족했는지를 보여주는 사례가 되었다.

메달을 수여받는 독일군 조종사 베르너 바움바흐

유대인은 예전의
내 예언을 비웃었지만
이제 비웃을 유대인은
없을 것이다.

1942년 9월 30일

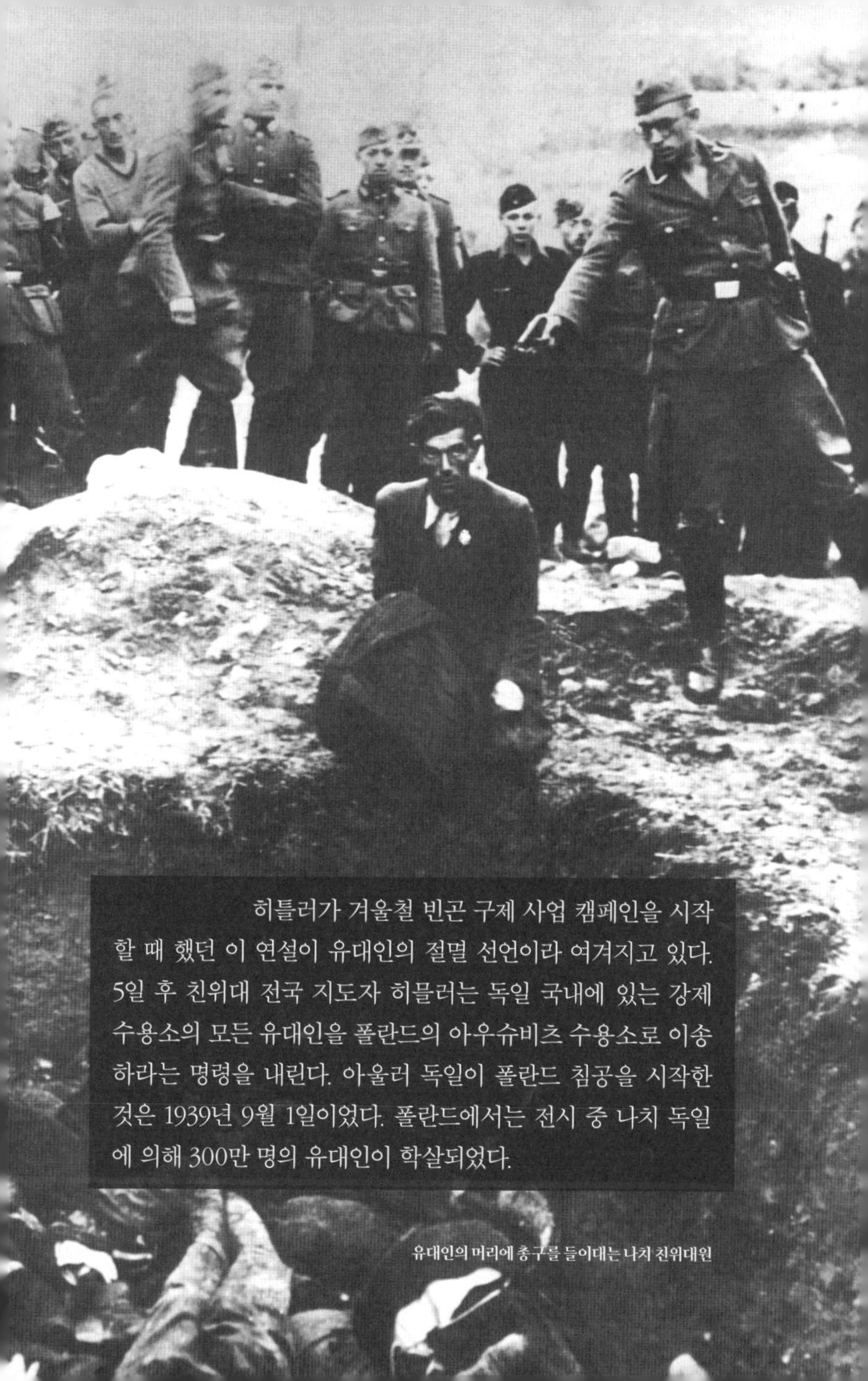

히틀러가 겨울철 빈곤 구제 사업 캠페인을 시작할 때 했던 이 연설이 유대인의 절멸 선언이라 여겨지고 있다. 5일 후 친위대 전국 지도자 히믈러는 독일 국내에 있는 강제 수용소의 모든 유대인을 폴란드의 아우슈비츠 수용소로 이송하라는 명령을 내린다. 아울러 독일이 폴란드 침공을 시작한 것은 1939년 9월 1일이었다. 폴란드에서는 전시 중 나치 독일에 의해 300만 명의 유대인이 학살되었다.

유대인의 머리에 총구를 들이대는 나치 친위대원

우리 후방의 다리는
불에 타 끊어지고 말았다.
이제 우리에게는
최후의 승리까지 가는 길만 남았다.

1943년 10월 7일

1943년 9월 8일, 동맹국이었던 이탈리아가 연합국에 무조건 항복을 하고 만다. 소련군은 키에프를 탈환하러 다가오고, 독일 공습을 막지 못하여 히틀러로부터 질책을 당한 독일제국 원수 괴링은 일본의 가미가제 특공대를 흉내 낼 가능성도 논의했다고 한다. 히틀러는 개전 때부터 "내가 모르는 유일한 말은 항복이다"라고 말했지만 독일의 패색은 짙어지기만 했다. 오히려 그렇기에 "최후의 승리까지 가는 길만 남았다"는 것 외에 할 수 있는 말이 없었을지도 모른다.

히틀러 인형을 표적으로 총검 훈련을 하는 미군 병사

만약 때가 오면
섭리에 의해 주어진
생활을 지키기 위해
전투를 새롭게 재검토하지 않으면
안 된다.

1943년 11월 8일

소련군과의 전투로 눈 속에 발이 묶여 추위에 떨고 있는 독일군 병사

스탈린그라드에서 대패한(2월) 이후 독일군의 후퇴가 이어짐으로써 자국 내가 전장이 될 가능성이 현실성을 띠게 된다. 이 말은 그것을 나타낸 것이다. '섭리'란 원래 자연계를 지배하는 법칙이거나 그것을 만들어낸 창조주(신)의 의사나 계획을 의미하는 말이지만, 히틀러는 그것을 "사람의 일을 넘어선 것"이라는 의미로 변환하고 자기 정당화를 위해 과도하게 이용했다. 전쟁이 열세인 것도 신의 뜻이니 어쩔 수 없다는 것이다.

순종이라면
버틸 수 있는 경우에도
잡종이면
버틸 수 없는 경우가
무수히 존재한다.

『나의 투쟁』에서

이른바 '아리아 인종' 혈통의 순수함에 집착한 히틀러는 복수 인종의 피가 섞인 '잡종'에 대해 위와 같이 말했다. 원래 갖고 있는 가치를 여러 잡스러운 종교에 의해 잃고 만다. 인종적으로 분열되어 있으면 불안정해지거나 어떤 일에 대처할 때 어중간한 처치밖에 할 수 없게 된다. 인종적으로 분열되어 있다는 것은 인종적으로 통일되어 있는 경우에 비해 확실히 불리하고 급속하게 몰락할 가능성이 있다. 참으로 자기 멋대로 된 이론이 아닐 수 없다.

1944년 7월 20일, 동프로이센에서 일어난 히틀러 암살 미수 사건의 현장

EXTRA THE STARS AND STRIPES EXTRA

HITLER DEAD

Fuehrer Fell at CP, German Radio Says; Doenitz at Helm, Vows War Will Continue

Churchill Hints Peace Is at Hand

1945년 5월 2일, 히틀러의 죽음을 전하는 미 육군 기관지
《스타스 앤드 스트라이프스》의 호외

Chapter 05
애증

나는 아버지를 존경했지만 어머니는 사랑했다.

『나의 투쟁』에서

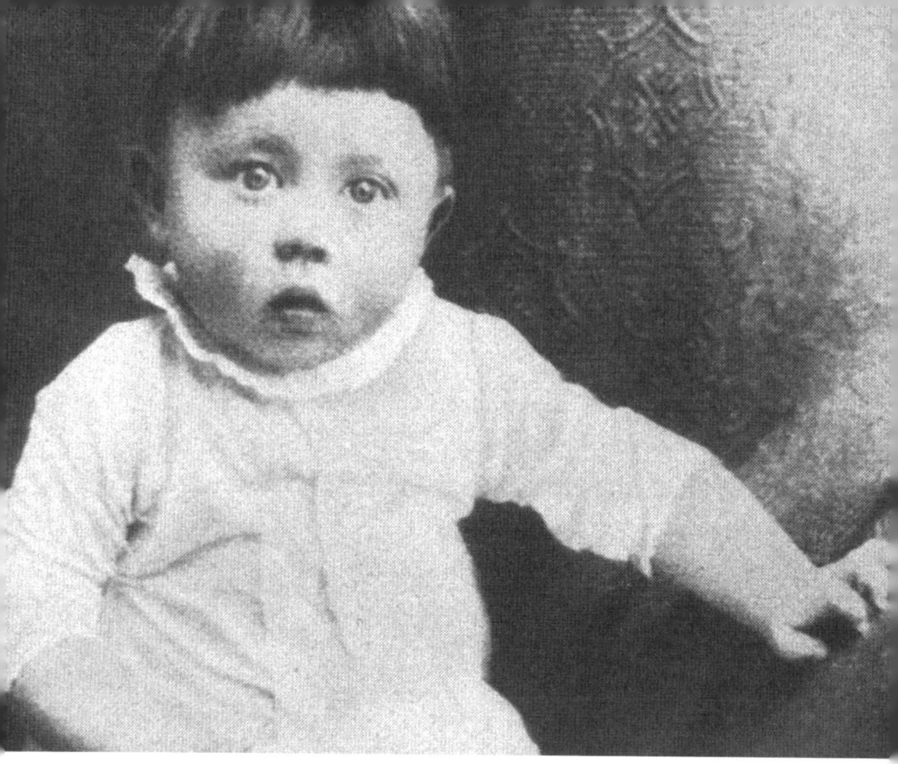

어렸을 때의 히틀러

아버지 알로이스는 무학이지만 세관원이 된 것을 자랑스럽게 생각했고 히틀러도 그것을 어느 정도 존중하고 있었을지도 모른다. 다만 소년기에는 아버지와의 다툼이 끊이지 않았다고 전해진다. 특히 아버지와 마찬가지로 관리가 되라는 강요는 견딜 수가 없었다. 그런 아버지는 히틀러가 14세 때 세상을 떠났다. 이어서 바라는 대로 미술 아카데미에 입학하는 것을 허락해준 어머니 클라라가 4년 후에 세상을 떠나자 아버지 때와는 비할 수 없는 충격에 휩싸였다.

나는
존경하는 사람만을 사랑하고
적어도
알고 있는 사람만을
존경한다.

『나의 투쟁』에서

런던의 인형극. 시가를 입에 문 처칠이 히틀러와 무솔리니를 후려갈긴다

히틀러는 위대한 독일 국가를 구축하기 위해서는 그 국가를 자랑스럽게 생각하는 '국민'이 필요하다고 생각했다. 그리고 국민이 긍지를 갖기 위해서는 자신의 조국이나 민족의 위대함을 잘 아는 것이 필요해진다. 그것을 위해서는 우선 사회 상황을 건전하게 하여 자기 조국의 문화·경제·정치를 알기 위한 교육을 해야 한다. 그것을 하지 않고 어렸을 때부터 국가나 권위에 대한 비판이나 악담만을 들으면 제대로 된 인간으로 자라지 않는다는 주장이다.

조국을 한층
순수한 것으로 만들기 위해
국내에 있는, 외국에 물든 사람이
정화되기를
기대한다.

1915년 2월 5일

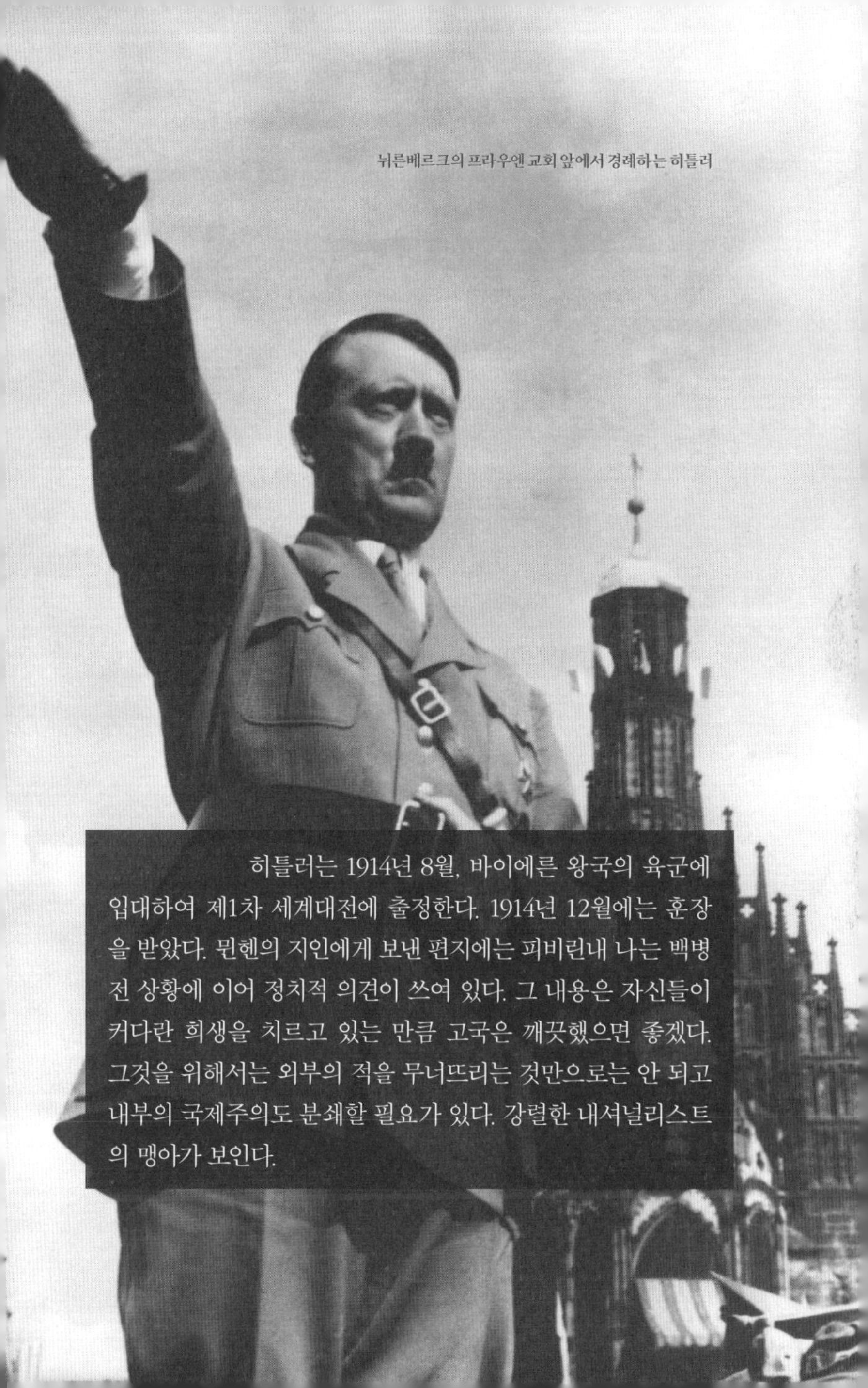

뉘른베르크의 프라우엔 교회 앞에서 경례하는 히틀러

히틀러는 1914년 8월, 바이에른 왕국의 육군에 입대하여 제1차 세계대전에 출정한다. 1914년 12월에는 훈장을 받았다. 뮌헨의 지인에게 보낸 편지에는 피비린내 나는 백병전 상황에 이어 정치적 의견이 쓰여 있다. 그 내용은 자신들이 커다란 희생을 치르고 있는 만큼 고국은 깨끗했으면 좋겠다. 그것을 위해서는 외부의 적을 무너뜨리는 것만으로는 안 되고 내부의 국제주의도 분쇄할 필요가 있다. 강렬한 내셔널리스트의 맹아가 보인다.

국민주의자가 통치해야 할지
마르크스주의자가
통치해야 할지는
투표가 아니라
도덕과 품위가 결정할 문제다.

1924년 2월 26일~3월 21일

뮌헨 봉기의 실패로 나치당은 해산되지만 기소된 히틀러는 법정을 자기 선전의 장으로 만든다. 쿠데타 계획은 인정하지만 반역죄는 인정하지 않는다. "법적 구속력이 있는 투표 기회를 만들고 싶었는가?"라는 검사의 질문에는 마르크스주의자에게 통치를 허락할 투표 따위는 무의미하고 '도덕과 품위'를 갖춘 자신들이야말로 나라를 다스리는 것이 당연하다. 그러므로 민주주의적인 방법에 의하지 않고 권력을 탈취하는 것도 당연한 행동이었다고 주장한 것이다.

란츠베르크 형무소에서 신문을 탐독하는 히틀러

0 8 9

위협에 의한 평화

정적과 평화 이외에 나는 무엇을 바랄 수 있을까?

1935년 5월 21일

괴링(오른쪽)과 여배우 에미의 결혼식

1935년 히틀러는 서서히 영토 확장의 야심을 드러낸다. 우선 1월, 베르사유조약에 의해 국제연맹의 관리 아래 놓여 있던 자르 지방에서 강력한 프로파간다를 전개한다. 귀속할 국가를 결정하는 주민 투표로 끌고 가 90.08퍼센트의 지지를 얻어 독일에 귀속시켰다. 3월에는 베르사유조약이 금지한 공군 보유와 징병제 부활을 선언했다. 주변국이 불안에 사로잡히자 두 번째 '평화 연설'을 한다. 그러나 그 문맥에도 독일을 화나게 하고 싶지 않으면 잠자코 보고 있으라는 위협이 강하게 엿보였다.

인류 문화의 산물은 모두,

'미적 작품'은 모두

교육이라는 이름의 강제에서

태어나는 것이다.

1941년 7월 5일

독일과 소련의 전쟁이 시작되고 2주일 후인 이날(1941년 7월 5일) 히틀러는 러시아인을 헐뜯었다. 러시아인은 강제 받지 않으면 일할 생각을 하지 않고 또 야생으로 돌아가려는 본능을 갖고 있다. 그러므로 그들이 말하는 혁명의 전형은 폭력 혁명인 것이다. 그런 러시아를 통치하기 위해서는 에너지가 필요하다는 것이다. 이 말의 배경에 있는 것은 러시아 영토를 빼앗아 아리아인의 피가 흐르는 러시아인을 독일의 교육으로 '국민화'하고 지배하여 세계에 그 패권을 주장하려는 야망이었다.

비어가든에서 편안히 쉬는 히틀러

그리스도교의 탄생은 인류를 덮친 최악의 사건이었다.

1941년 7월 11일

히틀러는 예수 그리스도는 "아리아인의 피를 갖고 있었다"고 하며 경애했지만 그리스도교는 예수가 죽은 후 그 교의를 유대인이 고친 것이라고 하여 볼셰비즘과 나란히 증오했다. 그리스도교가 없으면 이슬람교도 없었을 것이고, 따라서 서구 세계가 오스만 제국에 압도되지도 않고 로마 제국의 유산을 게르만 민족이 계승하여 세계 제국으로 발전시켰을 것이다. 이것이 히틀러의 역사관이었다.

히틀러의 탄압을 받은 독일의 가톨릭교도

무솔리니야말로 과거의 위대한 황제들의 계승자다.

1941년 7월 21일

사회당원으로 각 방면의 사상에 정통하며 학식이 높았던 무솔리니는 히틀러를 싫어했다. 그 후 독일과 이탈리아의 관계가 진전됨에 따라 두 사람의 관계는 점차 좋아지지만, 1939년 이후 독일이 전쟁을 시작했을 때조차 이탈리아는 좀처럼 참전하려고 하지 않았다. 그런 무솔리니에 대해 히틀러의 측근들은 회의적이었지만 히틀러만은 쿠데타(로마 진군)로 정권을 쟁취한 무솔리니의 '공적'에 감복하여 오랫동안 경의를 품었다.

히틀러와 나란히 선 무솔리니

나는 스탈린이 1941년에는

반격으로 돌아설 것이라고 예측했다.

그렇기에 선수를 쳐서

전투를 시작할 필요가 있었던 것이다.

1941년 9월 17일

1941년 6월 22일, 독일군의 기습 공격에 대항하기 위해 출격하는 소련군 전차 부대

1941년 6월 22일의 개전 전야, 소련에서는 기계화 보병 사단을 새롭게 편성하는 등의 움직임이 보였다. 한편 스탈린은 독일의 전쟁 준비를 알리는 정보를 '기만 정보'라며 물리치고 국경 방비를 게을리하고 있었다. 히틀러의 말은 오히려 폴란드 침공 때와 마찬가지로 "도발당했기 때문에 행동했다"는 자기 정당화처럼 느껴진다. 그렇게 할 필요가 있었던 것은 두 전선 동시 작전이라는 전쟁의 상식을 깨는 것에 대한 국방군 상층부의 동요가 컸기 때문이다.

파리를 파괴하지 않고 끝난 것에
나는 안도했다.
상트페테르부르크와
모스크바의 파괴에는 냉정할 수 있어도
파리를 파괴하게 되었다면
마음이 아팠을 것이다.

1941년 10월 29일

1940년, 독일군이 파리에 무혈입성했을 때 히틀러는 직접 현지를 방문했다. 이 행동은 독일과 오스트리아 이외는 거의 몰랐다고 여겨지는 히틀러로서는 아주 드문 일이었다. 히틀러는 볼셰비즘의 섬멸과 동방 영토를 획득하기 위해 소련의 주요 도시의 파괴에는 집착했지만 서구 도시에 대해서는 파괴욕을 드러내지 않았다. 프랑스를 침략한 것은 유럽의 여러 나라가 프랑스와의 동맹을 믿고 있었기 때문이라 여겨진다.

1940년 7월 15일,
함락한 파리의 에펠탑 앞을
걸어가는 히틀러

국가의
유일한 진짜 재상은
위대한 인물들뿐이다.

1942년 1월 13일

작곡가 브루크너를 비롯하여 마음에 든 예술가들에 대해 말하는 가운데 나온 말인데 최후의 '위대한 인물'이라는 표현은 자기 자신을 말한 것이다. "나는 엄청나게 운이 좋았지만 독일 민족은 그 이상으로 운이 좋다"는 것이다. 왜냐하면 자신이 독일의 재군비를 실현하지 않았다면 소련으로부터 오는 공산화의 파도를 막을 수 없었을 것이기 때문이다. 히틀러는 민족주의자로서 독일인의 '우수함'을 믿었지만 그 이상으로 역사적 존재로서의 자기 자신을 의식하고 있었다.

096

결혼관

결혼의 나쁜 면은 권리가 생긴다는 점이다.

그런 점에서 정부情婦가 훨씬 좋다.

의무는 적고

모두 선물이라는 차원에서 교섭이 이루어진다.

1942년 1월 25일

히틀러가 결혼을 거부한 것은 "남자는 자기 사상의 노예이고 자신이 해야 할 일이 무엇인가 하는 생각에 좌우된다. 그러므로 처자식이든 뭐든 다 내던지려고 할 때가 있"기 때문이다. 나중에 아내가 되는 에바 브라운은 다른 여성에 대한 질투나 히틀러의 분주함에 대한 불만에서 두 번이나 자살을 기도했다. 또한 조카 겔리에게 숙부와 조카의 관계를 넘어선 애정을 쏟았다는 사실이 알려져 있고, 1931년 겔리가 자살했을 때는 정계 은퇴를 생각할 만큼 초췌한 모습이었다.

에바 브라운이 지켜보는 가운데 팔걸이의자에 앉아 선잠을 자는 히틀러

처칠은 정치에서
가장 어쩔 도리가 없는
창녀 같은 놈이다.

1942년 2월 18일

1941년 12월 23일, 백악관에서 회담하는 처칠과 루스벨트

히틀러는 '순수한 게르만 민족 정복자'라고 하여 영국인에게 경의를 표하는 한편 총리 취임 전부터 유대인 박해를 비판했던 처칠은 격렬하게 증오했다. 또한 제2차 세계대전 전 영국의 다른 보수 정치가들이 "독일 공산당 정권보다는 나치당이 신장하는 게 더 낫다"고 생각했던 것에 비해 처칠은 나치 독일에 대한 강경한 자세를 누그러뜨리지 않았다. 그리고 그것이 대중의 인기로도 이어져 전시 재상이 되었고 히틀러의 야망을 저지하게 된다.

현재의 전쟁은
사느냐 죽느냐의 싸움이고
가장 중요한 것은 이기는 일이다.
그 목적을 위해서는
악마와 손잡는 것조차 마다하지 않는다.

1942년 5월 17일

발코니에서 청중을 향해 모자를 흔드는 마쓰오카 요스케(松岡洋右) 일본 외무장관

왜 일본과 손을 잡는가 하는 물음에 대한 대답이다. 그렇지만 일본을 '악마'에 비유한 것이 아니라 "인종적 원칙에 반하는 것이 아닌가?"라는 의문을 난센스라며 일축한 말이다. 히틀러는 "제1차 세계대전 중에는 영국이 일본과 손을 잡고 독일에 마지막 일격을 가했"던 일을 기억하고 있었는데, 독일로서는 이번에 일본과 동맹을 맺은 것은 가치가 있다고 생각했다. 어차피 참전했을 미국에 유럽과 태평양이라는 두 전선에서 동시에 작전을 벌이지 않을 수 없게 했기 때문이다.

만약 최후가 찾아왔을 때
내게서 사람들이 떠났다고 해도
장교 여러분은 전원이 내 옆에 남아
칼을 빼고 지켜줄 것이다.

1944년 1월 27일

베를린 공습으로 파괴된 국회의사당

1943년 11월 영국군의 베를린 대공습이 있었고, 1944년 1월에는 900일에 걸쳐 독일군에 포위당하고 있던 레닌그라드를 소련군이 해방시켰다. 히틀러는 총통 사령부에 원수나 최고 지휘관들을 모이게 해 이 연설을 하는데 "총통, 실제로 최후가 찾아오게 되겠지요"라고 야유한 사람이 있었다. 스탈린그라드에서의 작전에 히틀러가 여러 번 개입하여 불만을 품고 있던 명장 만슈타인 원수다. 히틀러는 그 말을 참지 못하고 곧바로 연설을 끝맺고 말았다.

독일은 완전히 파괴된다.
하지만 독일은 반드시
부활할 것이다.

1945년 4월 2일

측근 마르틴 보어만이 필기한 최후의 구술이다. 이어서 말한다. "역사와 지리의 법칙은 이들 양국(미국과 소련)에 군사적인 것이든 경제 및 이데올로기 영역의 것이든 힘의 시련을 강요할 것이다. …… 그리고 양국이 늦든 이르든 유럽에서 살아남은 유일한 국민, 즉 독일 국민의 지지를 구하는 것이 바람직하다고 깨닫는 것 또한 확실하다." 독일은 확실히 부활했지만 히틀러의 역사관은 더욱 역동적인 세계의 전개를 내다볼 수 없었다.

히틀러의 유해로 발표된 사진

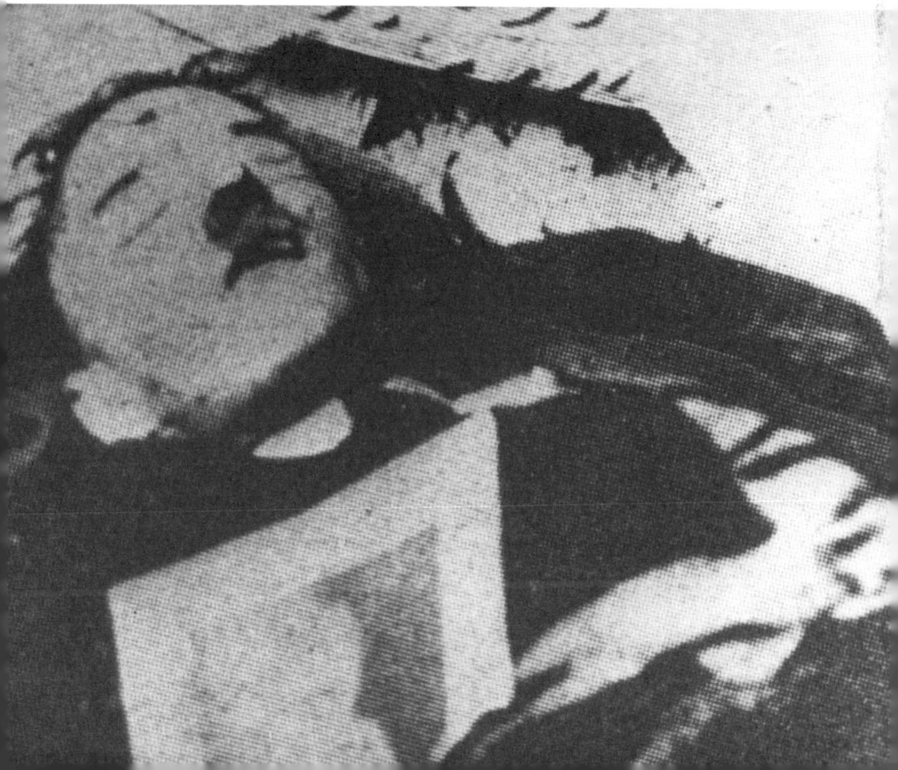

옮긴이의 말

인간의 한계가 낳은 괴물

히틀러는 인간이 가진 한계가 낳은 산물이다. 인간의 어두운 욕망이 히틀러를 필요로 했고 그를 만들어냈다고 해도 과언이 아니다. 그는 우리가 바라는 것처럼, 특정한 역사적 시기에 출현했다 사라진 인물이 아니다. 그는 언제나 우리에게서 그리 멀지 않은 곳에 이름을 바꾸고 엄연히 살아 있다. 그는 자신을 부르는 손짓만 해도 언제 어디서나 기꺼이 모습을 드러낸다. 늘 조금씩 다른 모습으로.

이 책 서두에서 말하는 대로 히틀러는 1933년 총리에 취임하자 불과 3개월 만에 당원을 85만 명에서 250만 명으로 늘렸고, 그 후 경제 정책을 성공시킴으로써 독일 전체를 열광의 도가니로 몰아넣었다. 그리고 '금연 운동', '식생활 개선 운동'이라는 건강 정책, '여성 고용 촉진', '애국 교육', '올림픽 개회' 등의 정책을 추진해나갔으며 세계 최초의 본격적인 고속도로인 아우토반을 건설하고 국민차를 구상하여 소형차(폭스바겐)를 보급시켰다. 다음은 국민차로 계획된 폭스바겐 공장 기공식에서 그가 한 말이다. "나는 '불가능'이라는 말을 미워한다. 그것은 어느 세상에서나 비겁한 자의 면죄부다. 결코 위대한 결단을 단행하지 않는 사람의 면죄부였다."(「'불가능'은 비겁」)

히틀러는 우리 사회의 일부가 아직도 미덕으로 삼고 있는 조건을 대부분 갖추고 있다. 더구나 이 책의 「애국 교육」에 실린 내용은 주어만 바꾸면 그대로 우리 정부가 주장하는 말이다. "히틀러는 위대한 독일 국가를 구축하기 위해서는 그 국가를 자랑스럽게 생각하는 '국민'이 필요하다고 생각했다. 그리고 국민이 긍지를 갖기 위해서는 자신의 조국이나 민족의 위대함을 잘 아는 것이 필요해진다. 그것을 위해서는 우선 사회 상황을 건전하게 하여 자기 조국의 문화·경제·정치를 알기 위한 교육을 해야 한다. 그것을 하지 않고 어렸을 때부터 국가나 권위에 대한 비판이나 악담만 들으면 제대로 된 인간으로 자라지 않는다는 주장이다."

히틀러의 이런 생각이 현실화될 수 있었던 것은 대중에 대한 그의 판단, 즉 "사려가 부족한 대중은 사물의 본질을 놓치기 쉽다는 인간관"이 결과적으로 정확한 진단이었음을 말해준다. "대중의 수용 능력은 굉장히 제한되어 있다. 그 이해력은 작지만 망각의 힘은 크다."(「대중은 우둔하다」) "지배당하는 사람이 아무 생각도 하지 않는 것은, 정부로서는 다행스러운 일이다."(「생각 없는 국민」) 이를 단지 "천국을 지옥으로 생각하게 할 수 있고, 반대로 지옥 같은 비참한 생활을 천국이라 생각하게 할 수도 있다"(「프로파간다의 마법」)는 프로파간다의 마법 때문이라고만 할 수 있을까. "프로파간다로 대중을 착각시켜 눈앞의 현실을 전혀 다른 것으로 보이게 하는 것을 마법"이라고 한다면 그 마법은 풀 수도 있을 것이다. 하지만 효율과 이익이라는 관점에서 대중 스스로가 그 마법을 받아들인 거라면 그것을 마법이라고 할 수는 없을 것이다. 예를 들어 "결혼의 나쁜 면은 권리가 생긴다는 점이다. 그런 점에서 정부情婦가 훨씬 좋다. 의무는 적고 모두 선물이라는 차원에서 교섭이 성립한다"(「결혼관」)는 히틀러의 현실적인 결혼관 앞에서 사랑과 유대, 가족을 강조하는 추상적인 말은 얼마나 허약한가. 먹고 살기 힘들어 자기 하나 건사하기 힘든 세상이라면, 히틀러는 다시 힘이 세다.

2017년 겨울

송태욱

아돌프 히틀러 연보

1세(1889년) / 4월 20일 오스트리아 · 헝가리 제국의 브라우나우에서 바이에른 사람으로서 세관원이었던 아버지 알로이스 히틀러와 어머니 클라라의 4남으로 태어남.

8세(1896년) / 람바흐의 베네딕토 수도회계의 람바흐 수도원 학교 2학년에 편입.

12세(1900년) / 9월 린츠의 국립 실업계 중학교에 입학하고 하숙 생활 시작.

15세(1903년) / 1월 3일, 아버지 알로이스가 병으로 사망.

16세(1904년) / 9월 5일, 린츠의 국립 실업계 중학교에서 슈타이어 실업계 중학교 4학년으로 전학.

/ 9월 16일, 슈타이어 실업계 중학교 중퇴.

19세(1907년) / 10월 1~2일, 빈 조형미술 아카데미에 시험을 보지만 불합격.

/ 12월 21일, 어머니 클라라가 암으로 사망.

20세(1908년) / 친구 쿠비체크와 빈에서 공동생활을 시작.

/ 11월 20일, 쿠비체크 앞에서 모습을 감춤.

21세(1909년) / 각지를 전전하다 부랑자 수용소에 들어감.

22세(1910년) / 2월 9일, 공영 독신자 합숙소로 이사, 그림을 그려 생계를 꾸림.

26세(1914년) / 8월 16일, 제1차 세계대전에서 바이에른 육군에 의용병으로 지원. 제16예비보병연대에 입대.

30세(1918년) / 8월 4일, 제1급 철십자훈장을 받음.

/ 10월 23일, 겨자탄 공격을 받아 일시적으로 실명하여 입원.

/ 11월 7~8일, 뮌헨에서 혁명 발발.

/ 11월 9일, '바이마르공화국'이 성립하고 황제 빌헬름 2세 즉위.

/ 11월 11일, 독일의 항복으로 제1차 세계대전 종결.

/ 11월 19일, 퇴원하여 뮌헨으로 돌아감.

31세(1919년) / 6월 28일, 베르사유조약 조인.

/ 8월 11일, 바이마르공화국 헌법 공포.

/ 9월 12일, 독일 노동자당 집회 참가.

32세(1920) / 2월, 독일 노동자당이 '국가사회주의독일노동자당(나치당)'으로 개명.

/ 2월 24일, '25개조 강령' 발표.

33세(1921년) / 7월 29일, 나치당 내 항쟁으로 초대 당수를 실각시키고 당수에 취임.

34세(1922년) / 8월, 독일이 하이퍼인플레이션에 빠짐.

35세(1923년) / 1월 27~29일, 뮌헨에서 나치당이 제1회 전국 당대회를 개최.

/ 11월 8~9일, '뮌헨 봉기'로 체포됨.

36세(1924년) / 12월 26일, 히틀러의 재판이 시작됨.

/ 4월 1일, 금고 5년의 유죄 판결을 받아 란츠베르크 요새 형무소에 수감.

37세(1925) / 2월 27일, 나치당 재건 대회.

/ 4월 26일, 힌덴부르크 원수가 공화국 대통령에 선출.

/ 7월 18일, 『나의 투쟁』 상권 출판.

/ 12월 10일, 『나의 투쟁』 하권 출판.

39세(1927년) / 3월 6일, 해금 후 첫 연설을 함.

/ 5월 5일, 베를린에서 나치당이 활동 금지됨.

40세(1928년) / 5월 20일, 나치당 첫 국정 선거에서 12석(득표율 2.6퍼센트) 획득.

/ 11월 16일, 베를린의 '스포츠 궁전'에 1만 8천 명을 모아 놓고 공개 연설을 함.

42세(1930) / 9월 14일, 국회 선거에서 나치당이 107석(득표율 18.3퍼센트)을 획득하여 제2당으로 약진.

/ 9월 25일, 최소재판소에서 나치당의 합법 노선을 서약.

43세(1931년) / 9월 18일, 맹목적으로 사랑했던 조카 겔리 라우발, 히틀러의 집에서 자살.

44세(1932년) / 2월 25일, 독일 시민권 취득.

/ 4월 10일, 대통령 선거에 출마했으나 결선 투표에서 힌덴부르크에게 패배(득표율 36.8퍼센트).

/ 7월 31일, 국회 선거에서 230석(득표율 37.3퍼센트) 획득하여 제1당으로 약진.

/ 8월 13일, 힌덴부르크 대통령과의 회담에서 부총리 자리 거부.

/ 11월 6일, 국회 선거에서 의석수가 197석(득표율 33.1퍼센트)으로 줄어들었으나 제1당 유지.

45세(1933년) / 1월 30일, 힌덴부르크 대통령으로부터 총리 지명을 받음.

/ 3월 5일, 국회 선거에서 288석(득표율 43.9퍼센트)을 획득.

/ 3월 23일, 국회에서 '전권위임법' 성립.

/ 4월 1일, 나치당이 유대인 상점에 대한 불매 운동을 호소함.

/ 10월 14일, 독일이 국제연맹과 제네바 군축회의를 탈퇴.

46세(1934년) / 8월 2일, 힌덴부르크 대통령 사망. 히틀러가 대통령의 직능을 계승하여 '대통령 겸 총리'가 됨.

/ 8월 19일, '대통령 겸 총리' 취임에 관한 국민투표를 실시하여 찬성 89.9퍼센트의 지지를 얻음.

47세(1935년) / 3월 1일, 자르 지방이 독일에 반환됨.

48세(1936년) / 3월 7일, 비무장 지대인 라인란트에 독일군 진주.

/ 3월 29일, 정책에 관한 국민투표로 찬성 98.8퍼센트를 얻음.

/ 8월 1~16일, 베를린 올림픽 개최.

/ 11월 25일, 베를린에서 '방공협정'을 조인.

49세(1937년) / 외상과 군 수뇌부에 전쟁 구상 표명.

50세(1938년) / 3월 12일, 독일군이 오스트리아에 진주.

/ 4월 10일, 독일·오스트리아 합병에 관한 국민투표를 실시하여 독일에서 99.08퍼센트, 오스트리아에서도 99.75퍼센트의 찬성을 얻어 승인.

/ 9월 29~30일, 뮌헨 회담에서 스데텐 지방의 독일 영유 확정.

51세(1939년) / 1월 30일, 국회 연설에서 '유대 인종의 절멸'을 예언.

/ 3월 14~15일, 독일군이 체코슬로바키아 침공.

/ 8월 23일, 독소불가침 조약 체결.

/ 9월 1일, 독일군이 폴란드 침공을 시작하여 제2차 세계대전 발발.

/ 10월 2일, 독일군이 폴란드 점령.

/ 11월 8일, 뮌헨에서 시계 수리공 엘서가 히틀러 폭살 미수 사건을 일으킴.

52세(1940년) / 4월 9일, 독일군이 노르웨이, 덴마크 침공.

/ 5월 10일, 독일군이 프랑스, 네덜란드, 벨기에, 룩셈부르크 침공.

/ 6월 22일, 프랑스가 휴전 조약을 체결.

/ 9월 27일, 독일, 이탈리아, 일본이 삼국동맹 체결.

/ 12월 18일, 대소 전쟁 준비 지령.

53세(1941년) / 6월 22일, 독일군이 소비에트 침공 개시.

/ 10월 14일, 유대인의 동방 이송이 시작됨.

/ 12월 7일, 일본군이 진주만을 공격함.

/ 12월 상순, 헤움노 강제수용소에서 가스 차량에 의한 유대인 학살을 개시.

54세(1942년) / 6월, 아우슈비츠 강제수용소에서 가스에 의한 유대인 학살이 시작됨.

/ 7~8월, 독일군이 스탈린그라드 부근까지 전진.

55세(1943년) / 1월 31일~2월 2일, 독일군이 스탈린그라드 전투에서 대패.

/ 7월 25일, 무솔리니 실각.

56세(1944년) / 6월 6일, 연합군의 노르망디 상륙 작전.

/ 6월 15일, 독일의 V1 비행 폭탄이 영국에 떨어짐.

/ 7월 20일, 동프로이센의 총통 본부에서 히틀러 암살 미수 사건.

/ 8월 25일, 연합군 파리 입성.

/ 9월 8일, 영국의 런던과 벨기에의 앤트워프를 표적으로 V2 로켓 발사.

57세(1945년) / 1월 30일, 최후의 라디오 연설.

/ 2월 4~11일, 얄타 회담.

/ 4월 28일, 무솔리니가 이탈리아의 파르티잔에게 체포되어 처형. 히틀러는 오전 0시 직전에 에바 브라운과 결혼(결혼 증명서의 사인은 다음 날인 29일).

/ 4월 30일, 독약과 권총을 사용하여 아내 에바와 함께 베를린 내의 총통 지하 벙커에서 자살.

/ 5월 2일, 소련군이 베를린 제압.

/ 5월 7~9일, 독일군 항복.

arte
insight
100
히틀러의 100가지 말

1판 1쇄 인쇄 2017년 1월 20일
1판 1쇄 발행 2017년 1월 31일

지은이 20세기독일사연구회
옮긴이 송태욱
펴낸이 김영곤
펴낸곳 아르테

문학사업본부 이사 신우섭
문학사업본부 본부장 원미선
책임편집 신주식
문학기획팀 이승희 김지영
문학마케팅팀 정유선 임동렬 김별
문학영업팀 권장규 오서영
프로모션팀 김한성 최성환 김주희 김선영 정지은
홍보팀장 이혜연 **제작팀장** 이영민

출판등록 2000년 5월 6일 제406-2003-061호
주소 (우 10881) 경기도 파주시 회동길 201(문발동)
대표전화 031-955-2100 **팩스** 031-955-2151

ISBN 978-89-509-6886-1 03190
아르테는 (주)북이십일의 문학 브랜드입니다.